심도있게 편찬된
구역 및 대학·청년부 BEST G.B.S. 시리즈

BEST
출애굽기 Ⅱ

프리셉트

서문

한국 교회 성도들을 하나님의 말씀으로 돕기 위하여 쉼없이 달려온 프리셉트 성경연구원은, 쉽고도 심도있는 성경공부 교재 개발의 부르심 앞에 순응하여 BEST G.B.S. 시리즈를 기획하여 출간하게 되었습니다.

BEST G.B.S.는 참여자들의 수준이 천차만별이고 그들이 처한 상황이 다양한 점을 고려하여, 다양한 관점의 도입글과 이해를 돕기 위한 본문 질문을 제시하였습니다. 뿐만 아니라 깊이있는 질문을 통해 다각도에서 적용할 수 있도록 선택 질문을 기획하여 묵상의 깊이를 더하였습니다.

한편, 프리셉트성경연구원은 구역, 셀, 소그룹, 그리고 청년부의 조모임을 위해 다양한 교재를 많이 개발하여 한국 교회를 효과적으로 돕기 위해 힘쓰고 있습니다. 그 종별의 특징은 다음과 같습니다.

I. G.B.S. 교재의 종별 특징

1. High G.B.S. 시리즈
   평신도 소그룹 중 성경공부를 장기간 진행해 온 분들에게 적합한 교재입니다. 프리셉트성경연구원의 고급 과정(PUP)에서 다루는 내용을 압축하여 정리한 내용으로서, 참여자들이 1시간 정도 예습해 올 수 있을 때에 효과적으로 진행할 수 있는 교재입니다.

2. BEST G.B.S. 시리즈

소그룹 참여자들의 신앙 수준이 다양한 점을 고려하여, 다양한 도입글과 질문을 제시하였습니다. 뿐만 아니라 깊이있는 질문을 다각도에서 나눌 수 있도록 선택 질문을 기획하여 묵상의 깊이를 더하였습니다. 한편 BEST G.B.S.를 쉽고 편하게 진행하길 원한다면, 「더 깊은 연구와 묵상을 위하여」를 생략하고 다룰 수 있습니다.

3. 쉬운 G.B.S. 시리즈

이 교재는 질의응답식 내용을 통해 누구나 예습 없이 현장에서 쉽게 진행할 수 있도록 구성되었습니다.

4. 주제별 G.B.S. 시리즈

이 교재는 성경의 내용을 주제별로 다뤄서 해당 주제에 대해 성경적 세계관을 확립하는 데 큰 도움을 줍니다.

5. 하나님 마음에 합한 시리즈

이 교재는 총 16가지 신앙생활에 관한 주제를 가지고 소그룹용으로 편찬한 교재로서, 쉬운 G.B.S.에 비해 다루는 내용이 넓고 깊습니다.

6. 40분 G.B.S. 시리즈

이 교재는 미국 프리셉트 본부에서 기획된 교재로서, 약 40분 동안 활발한 토의식 성경공부를 진행할 수 있도록 구성된 편리하고 유용한 교재입니다.

7. 기타

그 외에 수련회용, 주말 성경학교용, 청소년용, 제자훈련용 등 많은 교재가 준비되어 있습니다.

II. 인도자를 위한 안내

1. 시작 시간을 정확하게 지키십시오.
2. 성령께서 말씀의 비밀을 깨우쳐 주시도록 함께 기도하십시오.
3. 성경공부에 들어가기 전, 지난 주에 깨달은 말씀을 함께 나누면서 마음을 여는 시간을 가지십시오.
4. 인도자는 「도입을 위한 글」(서론)을 읽은 후, 참여자들에게 다양한 질문을 하여 활발한 토론을 유도하십시오. 이때, 교재에 주어진 질문만 하지 말고 다른 보충 질문들을 준비하여 이끌어 가십시오.
5. 각 문제마다 적절한 시간을 안배하여 중점적으로 다룰 문제는 충분히 토의하고 지엽적인 문제는 간단히 진행하십시오.
6. 각 과를 인도한 후, 다음의 평가항목을 통해 스스로 자기 점검을 하십시오.
7. 인도자로서 좀 더 깊이 성경을 배우고자 하는 분들은 프리셉트 성경연구 과정에 참여하셔서 도움을 받으시기 바랍니다(문의: 02-588-2218).

III. 평가항목

1. 보조 질문은 좋았는가?
   명확하고 간략했는가?
   본문에 충실했는가?
   본질적인 문제에 접근했는가?
   깊은 통찰과 적절한 적용을 이끌어 냈는가?
2. 참여자의 발표를 잘 유도하고 격려했는가?
3. 말을 너무 많이 하거나 적게 하지는 않았는가?
4. 준비를 충분히 하였는가?
5. 본문에서 벗어난 방향으로 토의가 진행되지는 않았는가?
6. 시간은 잘 지켰는가?

Ⅳ. 본 교재에 대하여

출애굽은 유대 민족인 이스라엘의 역사입니다. 이스라엘은 하나님의 백성을 대표하기에, 출애굽기는 단순히 이스라엘의 역사가 아닌 하나님의 백성들의 역사입니다. 또한 출애굽기가 중요한 이유는, 이스라엘의 모습을 통해서 죄에 찌든 그리스도인의 실상을 발견할 수 있기 때문입니다. 따라서 출애굽기는 천국을 향한 믿음의 길을 걷는 그리스도인에게 하나님의 음성을 직접 보고 들을 수 있는 복음의 통로가 됩니다.

「BEST G.B.S. 출애굽기」의 초점은 이스라엘이며, 하나님께서 이스라엘을 통해서 주시는 메시지를 공부하게 됩니다. 총 2권으로 구성된 「BEST G.B.S. 출애굽기」는 출애굽기 전체의 흐름과 함께 세부 내용까지 연구하고 삶에 적용할 수 있도록 하였습니다. 먼저, Ⅰ권에서는 이스라엘 백성들이 출애굽하는 모습을 중심으로 하나님의 역사를 목격하게 될 것입니다. 그리고 Ⅱ권에서는 출애굽한 이후 이스라엘 백성들의 계속되는 패역에도 불구하고 기회를 주시는 하나님의 은혜를 확실하게 느낄 수 있을 것입니다.

「BEST G.B.S. 출애굽기」는 다원화되고 있는 시대를 사는 모든 그리스도인들에게 우리의 삶에서 일하시는 분은 오직 하나님 한 분이시며, 그분의 은혜로만 살아야 한다는 진리를 깨닫게 해주는 최고의 교재가 될 것이라 확신합니다.

"낮에는 여호와의 구름이 성막 위에 있고 밤에는 불이 그 구름 가운데에 있음을 이스라엘의 온 족속이 그 모든 행진하는 길에서 그들의 눈으로 보았더라"(출 40:38).

프리셉트성경연구원

차례

01 시내 산

본문 출애굽기 19:1-25

외울말씀 여호와께서 시내 산 곧 그 산 꼭대기에 강림하시고 모세를 그리로 부르시니 모세가 올라가매 (20절)

도입을 위한 글

23세의 젊은 나이로 이 세상을 떠난 성자 알로이시오(Aloisius Gonzaga, 1568-1591)에 관한 일화이다. 알로이시오가 대학에서 공부하고 있던 어느 날이었다. 모두 휴식 시간에 즐겁게 놀다가 잠시 스승과 한자리에 모이게 되었다. 그때 스승이 제자들에게 질문했다. "혹시 지금 당장 세상이 종말을 맞는다면 자네들은 무슨 일을 하겠는가?" 한 학생은 빨리 교회로 달려가서 기도하겠다고 대답했다. 이어 다른 학생은 집에 가서 부모님과 함께 종말을 준비하겠다고 대답했다. 또 다른 학생은 어제 대화하다가 마음이 상한 친구를 찾아가서 화해하겠다고 대답했다. 마침내 알로이시오의 차례가 돌아오자, 그는 주저하지 않고 "지금은 휴식 시간이니까, 이대로 놀겠습니다"라고 대답했다고 한다. 이 일화는 시간 안에 할 일을 다 했기 때문에 지금 종말이 오더라도 전혀 두려워하지 않는 성실한 삶의 자세에 대한 교훈을 준다. 새로운 미래는 곧 과거의 종말이며, 현재의 종말을 의미하기도 한다. 새로운 미래를 맞이하려고 하는 자는 언제라도 현재에 기쁜 마침표를 찍을 준비가 되어있어야 한다. 예수님은 마태복음에 나오는 열 처녀의 비유를 통하여 우리가 어떤 삶을 살아야 할 것인지 말씀하신다. 미련한 다섯 처녀들은 준비된 삶을 살지 못했다. 어쩌면 기름 준비하는 일을 내일로 미루었을지도 모른다. 그래서 그들은 결국 주님을 영접하지 못했다. 하지만 현명한 다섯 처녀들은 언제나 준비된 삶을 살았기에 예수님을 부끄러움 없이 맞이할 수 있었다. 그리스도인들은 매일매일 그리스도 안에서 펼쳐질 새로운 미래를 위해서 오늘을 부끄러움 없이 마칠 수 있는 자세를 가져야 할 것이다.

도입을 위한 질문

❶ 미련한 다섯 처녀와 지혜로운 다섯 처녀를 구분하는 기준은 무엇이라고 생각합니까?

❷ 어떤 일을 시작하기 전에 미리 준비하는 것이 왜 중요한지 서로 나눠보십시오.

본문 질문

❶ 시내 광야에서 장막을 친 후, 모세가 하나님의 부르심을 받아서 간 곳은 어디입니까?(1–3절)

* 이스라엘 백성들은 라암셋에서 출애굽한 후 숙곳(출 12:37)→에담(출 13:20)→엘림(출 15:27)→신 광야(출 16:1)→르비딤(출 17:1)을 거쳐 이제 이곳 시내 광야에 이르게 되었다.

❷ 하나님은 이스라엘 백성들을 어떻게 인도하셨으며, 어떠한 복을 주시겠다고 모세에게 언약하셨습니까?(4–6절)

* 소유(5절): 평범한 소유물을 말하는 것이 아니라 특별한 소유물, 즉 '아주 귀중한 소유물' 또는 '매우 값진 소유물'을 가리키는 말이다.

❸ 모세가 하나님의 말씀을 이스라엘의 장로들에게 전했을 때, 그들은 어떻게 대답했습니까?(7–8절)

* 진술하니(7절): '(그대로) 두다, 놓다, 전해주다, 부치다'라는 뜻이다.

❹ 하나님의 강림을 앞두고 이스라엘 백성들이 준비해야 할 것은 무엇입니까?(9–15절)

* 성결하게 하며(10절): 죄악된 인간이 성결함이 없이는 결코 거룩한 하나님께 가까이 접근할 수 없다는 사실을 교육하기 위한 한 방법이었다.

❺ 하나님이 시내 산에 강림하시는 모습을 설명해보십시오(16–18절).

* 시내 산에 연기가 자욱하니(18절): 시내 산 전체가 온통 연기로 뒤덮였음을 뜻한다. 즉 하나님께서 불 가운데 임하셨으므로 초자연적인 연기가 나타나 시내 산을 덮었던 것이다.

 |

❻ 시내 산 꼭대기에 강림하신 하나님이 모세에게 하신 말씀은 무엇입니까?(19–22절)

* 경고하라(21절): 기본 동사 '우드'는 '(반복하여) 훈계하다'라는 뜻이다. 따라서 경고하라는 말은 '단단히 일러서 경고하라'는 말이다.

❼ 제사장들 백성들이 지켜야 할 사항은 무엇입니까?(23–25절)

더 깊은 연구와 묵상을 위하여

모세가 하나님께 십계명을 받은 시내 산(출 19장, 24:9–18; 행 7:38)은 호렙 산으로 불리기도 한다. 호렙 산에는 세 개의 봉우리가 있는데 그 산 봉우리 중 하나가 바로 시내 산이었다. 전승적으로 시내 산은 시내 반도의 '제벨 무사'(Jebel Musa 2,291m), 즉 '모세의 산'이란 뜻으로 불린다. 이스라엘 백성들은 이 산기슭에서 여호와(야훼)의 백성이 되었다(출 19:25–24:8). 출애굽기 20장부터 민수기 10장에까지 포함되어 있는 모든 율법은 하나님께서 이 산에서 명령하신 것이다(출 20:12–17, 31:18, 34:2; 레 7:18–19, 25:1, 26:46, 27:34; 민 1:1, 9:1). 이외에도 시내 산이 구약성경에 등장하는데, 엘리야는 이세벨로부터 피하여 이 시내 산을 찾았다(왕상 19:8). 시내 산은 십계명을 받은 산이기에 율법과 관련이 깊다. 제벨 무사의 동편 산기슭에 성 캐더린(Saint Catherine) 수도원이 있는데, 이곳 서고에서 유명한 시내 산 사본과 구 · 신약성경의 그리스어 사본 및 오래된 번역본이 발견되고 있다.

❶ 이스라엘 백성들에게 시내 산은 매우 중요한 곳이었습니다. 왜 중요한 장소가 되었는지 설명해보십시오.

❷ 이스라엘 백성들이 시내 산에서 하나님과 맺은 언약과 오늘날 우리가 맺은 언약이 어떻게 다른지 비교해보십시오.

적용을 위한 글

오늘날 '계약'이라는 말은 큰 의미가 없다. 우리 주변에서 계약이라는 말은 주로 부동산을 매매할 때 사용한다. 그래서 상업적인 냄새가 많이 배어있다. 그러나 성경에서 계약이라는 말을 사용할 때에는 상업적이 아닌, 인격적이고 신분적인 상호관계에서 이루어진다. 왕과 신하, 또는 백성들이 영원한 주종관계를 맺으면서 계약 관계에 들어간다. 이스라엘 백성들은 계약에 의해 하나님의 백성이 된 자들이다. 하나님께서는 시내 산 광야에서 그들과 이런 엄숙한 계약을 맺으려고 하신다. 그들은 지금까지 노예로 지내왔기에 누구와도 계약 관계를 맺어 본 적이 없었다. 그래서 그들은 무엇을 어떻게 해야 하는지 몰랐다. 지나친 호기심이 발동하거나, 노예 근성 때문에 장난스럽게 계약에 임할 수도 있었다. 그러나 본문을 통해서 하나님께서는 이스라엘 백성들에게 자세하게 가르치시면서 계약 관계를 맺으셨음을 볼 수 있다. 하나님께서는 계약을 전혀 모르는 노예들에게 계약의 의미를 가르치시며 하나님의 백성으로 진지하게 대하고 계신다. —김서택, 「광야에서 인도하시는 하나님」

적용 및 결단을 위한 질문

❶ 하나님이 이스라엘 백성들과 언약을 맺기 전에 미리 준비시키셨듯이, 우리도 하나님과의 화목을 위해서 필요한 것이 있습니다. 그것이 무엇이라고 생각합니까?

❷ 시내 산 광야에서 하나님의 강림을 준비하는 이스라엘 백성들처럼 우리도 매일 재림하실 주님을 기대하며 깨어 준비하는 자세를 가져야 합니다. 어떠한 준비가 필요한지 구체적으로 나눠보십시오.

02 십계명

본문 출애굽기 20:1-26

외울말씀 하나님이 이 모든 말씀으로 말씀하여 이르시되 (1절)

도입을 위한 글

의사소통을 위한 십계명

1. 상대방의 말을 잘 듣고 반응하려고 노력하라.
2. 말은 상대방의 방식대로 들어라.
3. 상대방의 말을 이해하려 노력하고 관심을 갖고 들어라.
4. 그의 가치를 인정해주라.
5. 상대방을 격려하고 긍정적으로 말하라.
6. 그의 비밀을 가볍게 전하지 말라.
7. 어려운 이야기는 말할 시기를 잘 맞추라.
8. 자기의 감정, 느낌, 마음의 상처를 말로 표현하라.
9. 상대방을 내 마음대로 넘겨짚어 생각하지 말라.
10. 잘 듣고 있음을 표현하라(메모, 질문, 반복, 감사).

–팀 엘모어, 「위대한 멘토들」

도입을 위한 질문

❶ 여러분은 하나님과의 의사소통을 위해 무엇을 하고 있습니까?

❷ 십계명에 대한 여러분의 평소 생각을 정리하고 나눠보십시오.

본문 질문

❶ 하나님은 이스라엘 백성들에게 율법을 주시기 전에 자신에 대해 어떻게 말씀하십니까?(1-2절)

* 이 모든 말씀(1절): 이 말씀은 곧 '십계명'(Decalogue, Ten Commandments)으로서 신 5:6-21에서 다시 반복되고 있다.

❷ 십계명 중에서 1-4계명의 내용을 정리해보십시오(3-11절).

* 다른 신들(3절): '다른'에 해당하는 '아헤르'의 원래 의미는 '이상한, 헛된'이다.
* 말라(3절): 강한 금지나 부정을 나타내는 말로, 보다 정확한 뜻은 '결코~하지 말라'이다.
* 섬기지 말라(5절): '섬기다'에 해당하는 '타아브딤'은 '종(노예)이 되게 하다'라는 뜻이다.

❸ 여호와 하나님이 질투하는 하나님이라고 설명한 이유는 무엇입니까?(5절)

❹ 하나님은 죗값과 은혜를 어떤 식으로 베푸십니까?(5–6절)

* 내 계명을 지키는(6절): '지키다'에 해당하는 원어 '솨마르'는 '울타리를 치다, 주의를 기울이다, 보존하다'를 뜻한다.

❺ 안식일을 지키는 방법을 구체적으로 설명해보십시오(8–11절).

* 기억하여(8절): '기억하다'란 뜻의 동사 '자카르'의 명령형 형태로 '기억하라'는 의미이다.

❻ 5–10계명의 내용을 정리해보십시오(12–17절).

더 깊은 연구와 묵상을 위하여

십계명은 "너를 위하여 새긴 우상을 만들지 말고 또 위로 하늘에 있는 것이나 아래로 땅에 있는 것이나 땅 아래 물 속에 있는 것의 어떤 형상도 만들지 말며 그것들에게 절하지 말며 그것들을 섬기지 말라"(출 20:4–5)고 명하고 있다. 우상 숭배가 근본적으로 나쁜 이유는 첫째, 우상 숭배는 하나님에 대해 근본적으로 잘못된 인식에서 생긴 것이기 때문이다. 하나님은 영이시다. 물질적인 모양으로 하나님을 드러내려는 모든 시도는 하나님의 본성을 왜곡하는 것이다. 둘째, 우상 숭배는 인간의 오만함을 드러내는 것이기 때문이다. 우상 숭배는 하나님의 계시보다는 인간의 종교성에 의존한다. 사람의 판단을 기준으로 우상을 만들고 있다. 이것은 하나님이 인류를 창조하신 분이라고 인정하지 않는 오만한 행위이다. 셋째, 우상 숭배는 사람을 부도덕한 모습으로 인도하기 때문이다(호 9:10). 고대 종교들은 자연의 순환에 초점을 맞추었다. 남신과 여신들이 출산을 관장한다고 생각했기에, 대부분의 의식은 신과 성적으로 접촉하는 내용을 포함했다. 우상 숭배자는 참된 하나님에 대한 지식을 버렸고(롬 1:18-23), 그것은 역으로 자신의 도덕적인 본성을 상실하게 했으며, 또한 인간의 악한 욕망을 드러내는 '부도덕'으로 인도하였다. 넷째, 우상 숭배는 마귀와의 접촉점을 제공하기 때문이다. 우상 자체는 아무것도 아니지만, 그 우상을 매개로 마귀가 역사할 수 있는 것이다.

❶ 지금 여러분 안에 있는 버려야 할 우상은 무엇인지 나눠보십시오.

❷ 십계명을 크게 둘로 구분해보십시오.

적용을 위한 글

천주교나 개신교나 공히 출애굽기 20:1-17의 말씀과 신명기 5:6-21의 말씀을 기본적으로 지켜야 할 하나님의 십계명으로 가르치고 있다. 그러나 그 분류방법에는 차이가 있다. 먼저, 천주교에서는 '나 외에 다른 신을 두지 말라'는 구절과 '나를 위하여 우상을 만들거나 그것에 절하지 말라'는 구절을 하나로 통합하여 단순히 '하나이신 하느님을 흠숭(欽崇)하라'는 계명으로 분류합니다. 그런가 하면 개신교에서는 이 두 구절을 각각의 계명으로 따로 분류한다. 또한 천주교는 '네 이웃의 아내를 탐하지 말라'는 말씀과 '네 이웃의 소유를 탐하지 말라'는 말씀을 각각의 두 계명으로 나눈다. 이에 반하여 개신교는 이 말씀들을 하나로 보아 '네 이웃의 집의 소유를 탐내지 말라'는 하나의 계명으로 분류하고 있다. 천주교에서는 출애굽기와 신명기에 나타난 십계명의 말씀에서 계명에 순번이 없기 때문에 이런 분류의 차이가 생긴 것이라고 주장하지만, 십계명의 말씀을 읽어보면 초등학생 정도의 독해력만 가지고 있어도 십계명이 어떤 것인지 명확히 구별할 수 있다. 천주교에서 제2계명을 빼버린 이유도 그들의 성상 숭배가 걸림돌이 되기에 의도적으로 십계명을 왜곡한 것이며, 하나님이 주신 성경의 열 가지 계명이 모호한 것이 아니다.

적용 및 결단을 위한 질문

❶ 십계명을 완벽하게 암송하고, 여러분의 삶에서 실천해보십시오.

❷ 십계명 중에서 여러분에게 가장 시급한 계명은 무엇입니까? 그것을 먼저 지킬 수 있도록 하십시오.

03 종

| 본문 출애굽기 21:1–11

| 외울말씀 네가 히브리 종을 사면 그는 여섯 해 동안 섬길 것이요 일곱째 해에는 몸값을 물지 않고 나가 자유인이 될 것이며 (2절)

도입을 위한 글

하나님께서 모세를 통하여 이스라엘 백성들에게 주신 율법은 세 가지로 구분할 수 있다. 첫째, 도덕법으로 영원불변한 십계명이 해당된다. 이것은 구약성경과 신약성경에 모두 적용된다. 예를 들면, 출애굽기 20:3–17과 마태복음 19:17–19의 말씀으로 구약성경과 신약성경에 차이가 없다. 둘째, 시민법으로 당시 사회생활을 위해 주신 구체적인 실천규칙이다. 이것을 오늘날 삶에 적용하기 위해서는 별도의 해석이 필요하다. 셋째, 의식법으로 종교적이고 의식적인 법을 의미한다. 율법은 예수 그리스도의 십자가를 통하여 완성되었기에 방법상 신약시대에는 변화가 있다. 이외에도 장로들의 유전이 있는데, 이것은 바벨론 포로기 이후에 에스라를 중심으로 시작된 율법연구가 서기관들에 의해 진행되면서 만들어진 것이다. 율법을 잘 지키기 위해서 만든 6,000여 개의 시행규칙이 있는데, 여기서 중요한 항목이 613개이며 대부분 율법을 지나치게 해석하거나 심화시켜서 만든 시행규칙들이다. 이것을 발전시켜 A.D. 200년 경에 기록된 책이 미쉬나(Mishna)이며, 이것을 해석한 책이 탈무드(Talmud)이다.

도입을 위한 질문

❶ 하나님이 이스라엘 백성들에게 복잡한 율법을 주신 이유는 무엇입니까?

❷ 우리가 살아가면서 지켜야 할 많은 법의 긍정적인 면과 부정적인 면에 대해서 이야기해보십시오.

본문 질문

❶ 십계명에 이어 하나님이 이스라엘 백성들에게 주신 것은 무엇입니까?(1절)

* 법규(1절): '심판하다, 판결하다'라는 뜻의 '솨파트'에서 유래한 말로, 법률적으로 선언된 '판결, 판단'이란 뜻이다.

❷ 히브리 종은 언제 자유인이 됩니까?(2절)

❸ 히브리 종이 자유인이 될 때에 대한 법규를 정리해보십시오(3–6절).

* 재판장(6절): 지존자로서의 '하나님'을 가리키는 명칭이다(창 24:3). 70인역은 '하나님의 판단'으로 번역한다.

❹ 어떤 사람이 자신의 딸을 종으로 팔았을 때 지켜야 할 법규는 어떤 것입니까?(7-9절)

* 속인 것이 되었으니(8절): '바가드'(잘못 대하다, 반대로 행동하다)에서 온 말로 '정당히 대하지 아니하였으니'로 번역하는 것이 더 낫다.

❺ 상전이 여종을 기뻐하지 않고 다른 여자에게 장가를 갈 경우에 그 여종에게 어떻게 대우해주어야 합니까?(10절)

* 동침(10절): 법적 용어로 '부부권, 부부의 의무'를 의미하며, 히브리어로 '오나타'라고 한다. 성적(性的)인 의미의 동침은 미쉬카브이다.

❻ 팔려온 여종에게 시행해야 할 '세 가지'(11절)가 무엇인지 정리해보십시오.

더 깊은 연구와 묵상을 위하여

하나님이 이스라엘 백성들에게 주신 법규 중 가장 먼저 나오는 것이 노예제도에 관한 것이었다. 이는 하나님께서 노예제도를 장려하기 위해서 주신 말씀이 아니다. 이미 존재하고 있던 노예제도하에서 노예를 보호하며 노예에게도 인격적인 대우를 해주기 위함이었다. 히브리인이 종이 되는 경우는 도둑질하여 배상할 능력이 없거나 가난하여 스스로 남에게 팔릴 경우였다. 이런 경우에는 반드시 6년만 섬기도록 한 후, 7년째에는 아무런 대가없이 자유를 주도록 했다. 이것은 안식년과 밀접한 관계가 있다. 이와 같이 성경은 노예제도를 권장하지도, 폐지를 주장하지도 않는다. 다만 어떤 제도하에 있든지 인권이 존중되어야 함을 가르치고 있을 뿐이다. 지금 우리가 어떤 형편에 처해있든지 자신이 처한 형편에서 최선의 삶을 살아가며, 모든 사람은 하나님의 형상대로 지으심을 받은 귀한 존재임을 알아야 한다. 우리에게 필요한 것은 바로 하나님을 바라보는 것이다.

❶ 십계명에 이어 많은 법규를 별도로 주신 이유는 무엇입니까?

❷ 7년째에는 노예를 해방시켜 주어야 한다는 법규 속에 담겨있는 중요한 의미는 무엇입니까?

적용을 위한 글

종이 자기 주인을 사랑하므로 자진해서 노예로 남기를 원하면, 그는 6년이 지나도 주인의 집에서 계속 노예로 머물 수 있었다. 이런 경우에는 노예를 데리고 재판장에게 가서 승인을 얻어야 했는데, 승인의 표시는 문지방에 귀를 대고 구멍을 뚫는 것이었다. 그러나 이렇게 자원한 노예라 할지라도 종이 된 지 50년째가 되는 희년에는 의무적으로 풀어주어야 했다. 구약의 율법은 인간을 존중하고 사랑하는 정신에 기초하여 만들어진 법규이기 때문이다. 여기서 노예의 귀에 구멍을 뚫는 것을 오늘날 우리의 신앙에 비추어본다면, 우리는 모두 귀에 구멍을 뚫고 하나님께 충성을 맹세한 사람이 되어야 한다. 주님께서 명령하는 일이면 무엇이든지 순종할 준비가 되어있어야 한다는 뜻이다. 이와 같이 그리스도인들은 하나님에 대한 순종의 상징으로 귀에 영적인 구멍을 뚫은 사람이라고 할 수 있다. –김상복, 「네 지팡이를 들라」

적용 및 결단을 위한 질문

❶ 노예제도에 대한 여러분의 생각을 정리해보십시오.

❷ 여러분의 귀에는 영적인 구멍이 뚫려있습니까? 영원한 주인이신 그리스도의 노예가 되는 기쁨을 누려보십시오. "그러나 이제는 너희가 죄로부터 해방되고 하나님께 종이 되어 거룩함에 이르는 열매를 맺었으니 그 마지막은 영생이라"(롬 6:22).

04 폭행과 보상

본문 출애굽기 21:12-36

외울말씀 눈은 눈으로, 이는 이로, 손은 손으로, 발은 발로, 덴 것은 덴 것으로, 상하게 한 것은 상함으로, 때린 것은 때림으로 갚을지니라 (24-25절)

도입을 위한 글

고교생 4명이 선천성 심장병이 있는 같은 반 친구를 1년 가까이 집단 폭행한 사실이 드러나 구속된 사건이 있었다. 가해자들은 괴로워하는 피해 학생의 모습을 즐겼고, 폭행당한 그 학생은 보복이 두려워 폭행 사실을 숨겨왔다. 또한, 다른 급우들은 폭행 장면을 목격하고서도 말리지 않은 것으로 알려져 더욱 충격을 주었다. 어쩌면 폭행당하는 친구의 괴로움을 방관하는 것도 폭행의 또 다른 참여라고 볼 수 있을 것이다. 그러나 가해자들과 그 부모들은 반성과 사과의 기미는커녕, 오히려 화해를 요구하는 피해자 측에게 반발했다고 한다. 이 아픈 기억이 채 아물기도 전에 며칠 후 또다시 중학생들이 같은 반 친구인 한 여학생을 2개월간 집단적으로 폭행을 가했다는 비참한 보도를 접해야만 했다. 학생의 부모는 이상 행동을 일으키는 피해 학생을 정신과에 입원시키고 나서, 폭행 학생들을 고소했다고 한다. 도저히 중학생들이 한 행동이라고는 믿기지 않는 그들의 폭행에는 특별한 이유도 없었다고 한다.

-「기독정보넷」

도입을 위한 질문

❶ 우리 주변에서 일어나는 사건과 사고들을 접할 때 무슨 생각이 듭니까?

❷ 사회가 점점 포악해지는 이유는 무엇이라고 생각합니까?

본문 질문

❶ 살인자는 어떻게 처벌됩니까?(12–14절)

* 쳐죽인(12절): '치다'는 말인 '나카'와 '죽게 하다'는 말인 '무트'의 복합어이다.

❷ 자기의 부모를 치는 자에 대한 처벌은 무엇입니까?(15절)

❸ 상대편에게 상해를 입힌 경우에는 어떤 처벌을 받습니까?(18–19절)

* 싸우다가(18절): '말다툼하다', '논쟁하다'는 뜻이다. 이처럼 사소한 말다툼이 살인으로 번지는 것에 대해서까지 세세하게 율법에서 규정하고 있는 것은 그만큼 생명이 존귀하기 때문이다.

❹ 주인이 종을 때려서 죽였을 때는 어떤 법규가 적용됩니까?(20-21절)

❺ 임신한 여인을 쳐서 낙태하게 했을 때는 어떤 처벌을 받습니까?(22절)

* 싸우다가(22절): '밀어붙이다', '앞으로 내쫓다'는 뜻의 히브리어 '나차'에서 파생된 말로, 18절의 경우처럼 말다툼이나 논쟁이 아닌, 신체적 접촉이 있는 싸움을 의미한다.

❻ 일반적으로 통용되던 종의 몸값은 얼마입니까?(32절)

❼ 소와 관련된 규정을 정리해보십시오(28-36절).

* 속죄금(30절): '덮다, 가리다'란 뜻의 히브리어 '카파르'에서 온 말로 '죄를 덮어주는 것', 곧 '몸값, 보석금'을 가리킨다.

더 깊은 연구와 묵상을 위하여

성경에서는 사람을 쳐서 죽인 살인자는 사형에 처할 것이나, 피해자가 죽지 않고 부상을 입었으면 가해자는 피해자에게 치료를 해줄뿐만 아니라 그 기간 동안의 손해배상을 책임져야 한다고 말하고 있다. 오늘날의 형법에도 폭행을 가했으나 상해에 이르지 않았을 경우에는 폭행죄로 처벌하지만, 사람을 폭행하여 인체의 기능에 장애를 가져오면 상해죄로 처벌하고 있다. 일단 사람을 때리면 그 정도가 크든 작든 때렸다는 사실 하나만으로도 정죄를 받아야 당연하다. 인간은 모두 하나님의 형상대로 지음받은 귀한 존재이다. 신분에 상관 없이 모든 인간은 고귀하며 그에 합당한 대우를 받아야 한다. 사람을 폭행한다는 것은 존귀한 인간을 짐승처럼 취급해버리는 악한 죄나 다름없다. 꼭 법이 무서워서가 아니라 인간의 존엄성 때문에 폭행이나 살인이 일어나서는 안 된다는 것이다. 하나님은 우리를 당신의 형상대로 지으셨다. 또한 우리의 구원을 위해서 하나님이 친히 이 땅에 오셔서 십자가에 달려 죽으셨다. 이와 같이 놀라운 은혜를 입은 사람이 바로 우리다.

❶ 형제를 미워하는 것도 살인(요일 3:15)이라고 신약성경은 말합니다. 살인의 위험성에 대해서 나눠보십시오.

❷ "눈은 눈으로, 이는 이로"(23-25절) 갚는 법규는 일반적인 동해보복법(同害報復法)을 의미하는데, 이 법이 가지고 있는 근본 원리는 무엇입니까?

적용을 위한 글

"강포한 사람은 그 이웃을 꾀어 좋지 아니한 길로 인도하느니라"(잠 16:29). 여관을 운영하는 모녀가 있었다. 어머니는 이곳에서 어렸을 때 집을 떠난 아들을 기다리고 있었다. 가난과 고독에 시달리던 모녀는 어느 날부터 부유하게 보이는 남자 손님이 오면 그를 살해한 후 금품을 빼앗고 시체를 강물에 던져버리기 시작했다. 어느 날, 말쑥한 차림의 한 청년이 여관을 찾았다. 청년은 고향을 떠난 후 크게 성공해 가족을 만나기 위해 귀향하던 길이었다. 모녀는 부유해보이는 이 청년에게 독약을 먹인 후 시체를 강물에 던졌다. 그리고 여인은 지갑에서 돈을 꺼내다가 살해된 청년의 신분증을 보고 절규했다. 그 청년이 바로 자신이 지금까지 기다려온 아들이었던 것이다. 이것은 알베르 카뮈(Albert Camus)의 소설 「오해」의 줄거리이다. 죄의 유혹은 언제, 어떻게 시작되는지 알 수 없다. 그러므로 늘 하나님 앞에 올바로 서고자 노력하지 않는 한, 인간은 항상 죄의 유혹 앞에 놓이게 된다. 잠언 16:29의 "강포한 사람"이란 포악한 사람, 즉 완력을 쓰고 무자비한 행동으로 남을 해치는 사람을 말한다. 이런 사람은 이웃을 꾀어서 자기와 똑같이 강포한 자로 만든다. 죄의 유혹은 한순간이다. 그리스도인은 항상 성령의 인도하심에 모든 것을 의지해야 할 것이다.

적용 및 결단을 위한 질문

❶ 폭행의 결과에 따르는 처벌보다는 폭행을 예방하는 것이 중요합니다. 폭력이 없는 평화로운 삶을 위해서 무엇이 필요한지 구체적으로 나눠보십시오.

❷ 모든 악의 근원은 우리의 욕심에서 나옵니다. 이 욕심을 이길 수 있는 힘은 오직 성령님께 달려 있습니다. 성령님께서 삶 가운데 역사하시도록 매 순간 자기를 부인하고 십자가를 붙잡으십시오.

05 배상

본문 출애굽기 22:1-15

외울말씀 도둑질한 것이 살아 그의 손에 있으면 소나 나귀나 양을 막론하고 갑절을 배상할지니라 (4절)

도입을 위한 글

이상 기온, 지진, 화산 폭발, 홍수, 화재 등 천재지변 등의 재난이 끊임없이 지구 곳곳에서 발생하고 있다. 그런가 하면 급속도로 발전한 첨단과학 기술이 안방까지 침투하여 삶의 형태를 급격하게 변화시키고 있다. 그러나 삶의 질은 과학 기술을 따라가지 못하고 있으며, 그로 인한 사회적인 문제가 발생하고 있다. 정치 · 경제 · 사회 · 문화 모든 분야에서 기존의 질서가 무너지고 있으며, 사회의 기초가 되는 가정의 질서까지도 무너지고 있다. 곳곳에서 양심의 부재가 노출되고 있으며, 죄는 습관과 중독이 되어가고 있다. 하나의 죄가 또 다른 죄를 불러일으키는 것을 볼 때, 죄는 사람들을 노예로 만드는 속성을 갖고 있는 것으로 보인다. 가인이 아벨을 살해한 후, 하나님께서 가인에게 그의 동생이 어디 있는지를 물으시자, 그는 거짓말을 해야 된다고 느꼈다. 사람들은 때로 작은 죄를 가리기 위해 더 큰 죄를 짓기도 한다. 왜냐하면 죄는 여러 가지 방식으로 습관처럼 굳어져서 고립화되기 때문이다. 죄는 지속적이며, 늘 만족하지 못하는 특성이 있다. 인간들의 죄는 습관적으로 마약을 복용하는 것처럼, 점차 양심의 가책을 받지 않게 되어 죄를 짓는 것이 더욱 쉬워지게 될 것이다.

—손수연, 「동행하시는 하나님」

도입을 위한 질문

❶ 혼란스러운 시대 속에서 증가하는 사회적 혼란의 요인은 무엇이 있습니까?

❷ 보상을 해주었거나 또는 보상을 받은 일이 있다면, 서로 나눠보십시오.

본문 질문

❶ 도둑질한 자에 대해 어떻게 처벌합니까?(1–4절)

❷ 도둑을 죽였을 때는 어떤 처벌을 받게 됩니까?(2–3절)

* 피 흘린 죄(2절): 불의한 살인을 가리키는 성경의 관용적인 표현이다(신 19:10; 삼상 19:5; 시 94:21).

❸ 짐승이 남의 밭의 것을 먹게 되면 어떻게 배상해야 합니까?(5절)

* 먹이다가 자기의 짐승을 놓아(5절): 학자에 따라 고의로 짐승을 놓아 이웃의 농작물을 뜯어 먹게 한 경우와 우연한 실수로 그 같은 사고를 저지른 경우를 상반되게 이해하는 경우도 있다.

❹ 이웃에게 맡긴 돈이나 물품을 도둑맞았을 때 어떻게 배상해야 합니까?(7–8절)

* 물품(7절): 히브리어 '켈림'은 그릇, 가구, 의류 등 재물이 되는 모든 가재 도구를 총칭하는 말이다.

❺ 잃은 물건을 서로 자기 것이라고 우기는 분쟁이 날 때 어떻게 해야 합니까?(9절)

❻ 나귀나 소나 양이나 다른 짐승을 이웃에게 맡겼다가 상하거나 잃어버리게 되면 어떻게 배상해야 합니까?(10–13절)

* 맹세(11절): 히브리인들에게 있어서 '맹세'란 하나님의 권위를 빌려 약속의 정당성 및 약속 이행의 절대성을 보증하는 행위였다.

❼ 이웃에게 빌려온 것이 상하거나 죽게 되면 어떻게 배상해야 합니까?(14–15절)

더 깊은 연구와 묵상을 위하여

습관적인 죄를 끊어버리고 그 죄로부터 돌아서기 위해서는 죄에 대한 회개와 함께 철저한 보상이 이루어져야 한다. 예를 들어 남의 물건을 훔쳤을 경우, 그는 하나님 앞에서 죄를 회개하는 것은 물론, 그 물건을 원래 소유주에게 돌려주어야 한다. 죄를 회개했다고 해서 그 물건이 훔친 자의 소유가 되는 것은 아니다. 이 같은 보상의 원리는 부부의 결혼생활에도 적용될 수 있다. 부부가 상대배우자에게 상처를 입혔을 때, 이를 보상하는 방법은 먼저 하나님께 회개하고 다음으로 상대배우자에게 진심으로 사과하는 것이다. 이 같은 고백을 통해 하나님의 용서는 물론, 상대배우자와의 사이에 막혀있던 교제도 비로소 다시 회복될 수 있다. 그렇지만 이 같은 과정을 거치면서 상대방의 잘못을 빌미로 아내가 남편의 영적리더십을 빼앗거나, 반대로 남편이 아내를 구박하면서 업신여기는 일이 있어서는 안 된다. 그것은 결국 부부 사이에 또 다른 갈등을 초래하는 것이 된다. 그런데 의외로 많은 부부들이 문제가 생겼을 경우, 그 원인을 정확히 알지 못해서 어려움을 겪다가 제3자와의 상담을 통해 도움을 받으려 한다. 그러나 그 상담을 통해 인간의 본질적인 죄인 이기심의 문제를 간과하면 죄에 대한 고백과 사과는 자취를 감추게 된다. 이것은 올바른 문제의 해결방법이 될 수 없다. 따라서 부부 사이에 문제가 생겼을 때는, 과거의 잘못을 꺼내지 말고 그 순간의 잘못에 대해서만 진지하게 고백해야 한다. 그것은 하나님 앞에서 죄를 인정하는 것이며, 하나님의 용서하심에 감사하는 것이다. 또한 자신의 잘못으로 인한 상대방의 상처를 보상해주면서 그 관계를 다시 회복시키는 능력의 방법이기도 하다. –강안삼, 「강안삼의 가정편지」

❶ 동일한 범죄행위에 대해서 배상의 방법을 다르게 한 이유는 무엇입니까?

❷ 성경에서 말하는 배상의 원칙은 무엇입니까?

적용을 위한 글

게으름뱅이 리아마스가 지고 갈 것으로, 주님께서는 아주 무거운 십자가를 그에게 주셨다. 그것을 지고 가던 리아마스는 길 위에 십자가를 내려놓고

몹시 투덜거렸다. "이 십자가는 너무 무거워! 더 이상은 못 지겠어." 결국 그는 무게를 줄이기 위해 톱을 가져다 십자가를 절반으로 잘라버렸다. 그리고는 절반의 십자가만을 진 채 목적지에 당도했다. 그는 주님을 보고서 그분께 다가가 말했다. "주님, 십자가를 짊어지고 왔으니 상을 주십시오." 주님께서는 그를 아름다운 대저택들이 많은 곳으로 데려가셨다. 한 대저택 앞에 멈춰선 주님은 리아마스에게 말씀하셨다. "이것이 네 저택이다. 네가 십자가를 짊어지고 온 보상이니라." 게으름뱅이 리아마스는 뛸 듯이 기뻐하며 대저택 안으로 들어갔다. 그러나 그 집은 절반만 지어진 집이었다. 그는 어리둥절하여 주님께 말했다. "주님, 이 저택은 절반만 지어진 집이잖습니까! 이것이 제가 받을 보상이란 말입니까?" "그렇다, 절반의 십자가로는 절반의 보상밖에 받을 자격이 없다." – 앤드루 마리아, 「지혜의 발자취」

적용 및 결단을 위한 질문

❶ 잘못한 일은 처벌하는 것이 당연합니다. 이와 마찬가지로 영적인 일에도 잘못한 일에 대한 배상이 필요합니다. 배상이 필요한 영적인 일이 무엇인지 살펴보십시오.

❷ 사람은 누구든지 실수하기 마련입니다. 특별히 교회 안에서 서로 실수하여 불편해지거나 배상까지 해야 할 일이 생기지 않도록 매사에 기도하며 주의하십시오.

06 도덕

본문 출애굽기 22:16-31

외울말씀 너희는 내게 거룩한 사람이 될지니 들에서 짐승에게 찢긴 동물의 고기를 먹지 말고 그것을 개에게 던질지니라 (31절)

도입을 위한 글

'노블레스 오블리주'는 '명예와 의무'라는 의미의 프랑스어이다. 이 말은 과거 로마 귀족들의 높은 도덕의식과 솔선수범하는 공공정신에서 비롯되었다. 초기 로마 귀족들은 기부와 봉사를 많이 했으며, 전쟁 시에는 앞장서서 전투에 참여했다. 이러한 행위는 귀족의 명예를 지키는 의무였고, 그렇게 하지 않는 사람은 귀족으로 인정받기 어려웠다. 근대 시민사회 이후에는 영국이 이러한 '명예와 의무'를 잘 실천했다. 제1, 2차 세계대전 동안 수많은 고위층 자녀가 전쟁에서 희생되었으며, 포클랜드 전쟁에서는 영국 여왕의 아들이 헬기 조종사로 참전하기도 했다. 영국의 부자들은 수익만큼 자선과 기부를 생활화했고, 적법한 세금 납부를 고위층의 명예로 여겼다. 서민들은 부유층의 도덕성을 믿었고, 존경이라는 방식으로 명예를 지켜주었다. 하지만 우리나라에는 '노블레스 오블리주'의 정신을 찾아보기 어렵다. 부유층은 과시와 사치에 빠져있지만 그들에게 있어서 불우한 이웃들에 대한 배려나 관심은 의무가 아니기 때문이다. 선진국이 되기 위해 소득률만 따지기보다는 배려와 사랑을 의무로 여기는 사회를 만드는 것이 더 살 만한 세상이 아닐까 생각해본다.

–손봉호, 「교통문화선교협의회」

도입을 위한 질문

❶ 올바른 윤리 의식이 이 사회에 필요한 이유는 무엇입니까?

❷ 세상적 윤리와 성경적 윤리에 차이가 있다면 무엇이라고 생각합니까?

본문 질문

❶ 약혼하지 아니한 처녀를 꾀어 동침하였을 때 어떻게 해야 합니까?(16–17절)

*납폐금(16절): 결혼 지참금을 의미한다. 히브리인들에게 있어서 결혼 지참금은 남편이 죽었을 경우에 여자의 생활을 보장하기 위해서 주어진 것이다(창 34:12; 삼상 18:25).

❷ 무당, 짐승과 행음하는 자, 여호와 외의 다른 신에게 제사드리는 자에 대한 처벌은 어떤 것입니까?(18–20절)

*무당(18절): '요술을 부리다, 마법을 쓰다'는 뜻의 '카솨프'의 여성형 명사로, 곧 무녀(巫女)를 가리킨다.

❸ 이방 나그네를 압제해서는 안 되는 이유는 무엇입니까?(21절)

❹ 과부나 고아를 어떻게 대해야 합니까?(22–24절)

* 히브리인들은 소외된 약자를 보호하기 위하여 과부의 경우, 그 신분을 나타내는 특수 복장을 착용토록 규정하기도 했다(창 38:14, 19).

❺ 가난한 자에게 돈을 꾸어주거나 이웃의 옷을 전당잡을 때는 어떻게 합니까?(25–27절)

* 해가 지기 전(26절): 팔레스타인 지방은 일교차가 커서 해가 진 후에는 모포 없이 잠자기가 어렵다.

❻ 재판장과 지도자를 대하는 올바른 태도는 무엇입니까?(28절)

❼ 하나님께 예물을 드릴 때는 어떻게 합니까?(29–30절)

* 추수한 것(29절): '가득 채우다, 충만하다'는 뜻의 '말레'에서 유래한 말로 풍성한 수확을 뜻한다.

더 깊은 연구와 묵상을 위하여

현대인에게 가장 무서운 병은 조급병이다. 리처드 포스터(Richard Foster)는 "조급함은 마귀적인 것이 아니라 마귀다"라고 말했다. 사람들은 서서히 성장하는 것보다 급성장을 좋아한다. 그러나 결코 한순간에 이룰 수 없는 것이 있다. 그것은 바로 거룩한 영성이다. 하나님은 귀하게 사용하기를 원하는 사람을 오랜 시간에 걸쳐 철저하게 훈련시키신다. 하나님은 요셉을 정금같이 쓰시기 위해 13년 동안 종살이와 감옥살이를 하게 했다. 모세를 훈련시키기 위해 광야에서 40년을 보내게 했고, 여호수아에게는 모세의 시종으로 섬겼던 40년의 시간이 있었다. 하나님은 존귀하게 쓰시기로 작정하면 하실수록 거룩한 삶을 위해 많은 준비를 시키신다. 어떤 버섯은 6시간이면 자란다. 호박은 6개월이면 자란다. 그러나 참나무는 6년이 걸리고, 건실한 참나무의 자태를 드러내려면 100년이 걸린다. 참나무와 같은 인물이 되어 하나님께 쓰임받기를 원한다면 조급해서는 안 된다. 예수님을 믿는 순간, 우리는 거룩한 신분이 된다. 그러나 그 거룩을 완성하는 데에는 평생이 걸린다. 거룩에는 지름길이 없다. 예수님은 매일 기도와 말씀 묵상이라는 거룩한 습관을 가지고 사셨다. 구원은 은혜와 믿음으로 받지만, 거룩은 은혜의 수단인 영성 훈련으로 완성된다. 우리를 거룩하게 하시는 하나님은 우리 안에 거룩에 대한 소원을 두고 행하게 하신다. —리처드 포스터, 「거룩」

❶ 거룩한 사람이 되기 위해서 지켜야 할 성경적인 도덕은 무엇입니까?

❷ 이스라엘 공동체에 필요한 도덕법을 우리 사회에 적용할 수는 없지만, 필요한 부분들을 현대 사회에서 어떻게 적용하는 것이 좋을지 나눠보십시오.

적용을 위한 글

근래 저질스러운 일본 만화가 우리 청소년 문화를 뒤흔들고 있다. 이에 편승해서 소수의 만화가들도 예술이라는 명분 아래 폭력물과 음란물을 제작하고 있다. 또한 뉴에이지의 바람을 타고 기독교 사상과 대립되는 이단적 사상들이 마치 진리인 것처럼 그려지고 있다. 이런 세태 속에서 악에 빠지지 않고, 진리를 추구하며 선을 행하는 것은 쉽지 않다. 사탄은 이 세상에서 영향력을 행사하고 있기 때문에 우리의 힘만으로는 영물인 사탄의 공격을 이겨내지 못한다. 그러나 참으로 감사한 것은 성령님께서 우리 안에 내주하셔서 우리를 악에 빠지지 않도록 지켜주신다는 사실이다. 사탄과 영적인 전투를 할 때에는 성령의 충만함으로 싸워야 한다는 사실을 반드시 기억해야 할 것이다. 성령의 충만함으로 싸운다는 것은 기도한다는 것이고, 주의 도우심을 힘입어 싸운다는 것이다. 예수님의 능력을 배제하고 나 혼자서 할 수 있다는 교만은 금물이다. 가능하면 예수님의 말씀처럼 어떠한 모양의 악한 것도 버리자. 함께 있으면 물들기 때문이다. 거룩한 삶은 마땅히 투자가 있어야 한다. 거룩은 순간적으로 이루어지지 않는다. 현대는 인스턴트 시대이기 때문에 우리는 어떤 하나의 위기를 극복하고 나면 자신이 곧바로 거룩의 경지에 이르는 것으로 착각할 때가 있다. 그러나 그렇지 않다. 거룩은 매 순간 우리 안에 계신 그리스도에 대한 체험으로 이루어지는 것이다. 거룩한 삶보다 주님을 세상에 더 잘 드러낼 수 있는 길은 없다. 거룩은 사람들로 그리스도를 신뢰하게 하며 하나님을 영화롭게 하고 또 신자들에게는 유익을 가져다준다. –김장환, 「악에 빠지지 말고 거룩하게 살라」

적용 및 결단을 위한 질문

❶ 성경에 기초한 윤리의식은 말보다 실천이 중요합니다. 여러분의 삶에서 당장 실천해야 할 성경적 도덕규범이 무엇인지 살펴보십시오.

❷ 거룩한 삶은 곧 도덕적인 사고와 행동이라고 할 수 있습니다. 여러분이 처한 현장에서 거룩한 삶을 살아가기 위해 기도하고 실천하십시오.

07 규례

본문 출애굽기 23:1-19

외울말씀 너는 매년 세 번 내게 절기를 지킬지니라 (14절)

도입을 위한 글

기독교의 주일은 성도들에게는 명절과 같다. 기독교인들은 주일마다 예배당에 모여서 주의 날, 부활의 날, 성령강림의 날, 교회가 창립된 날을 기념하면서 기쁜 마음으로 주일을 지켜야 한다. 그렇다면 주일날 예배를 어떻게 드릴까? 영 죽을 죄인들이 구원받은 감격을 안고 기쁨으로 하나님을 찬송한다. 그리고 받은 바 모든 은혜에 감사하는 마음으로 예물을 드리고 하나님께 영광을 돌린다. 하나님의 말씀을 통하여 우리의 신앙과 인격이 변화를 받는다. 한 피 받아 한 몸 이룬 성도들이 친교함으로 외롭지 않다. 서로서로 봉사함으로 보람을 누린다. 그리고 성부와 성자와 성령의 이름으로 축복을 받는다. 그러므로 주일은 우리가 거룩해지고 복받는 날이며 우리 생의 최고의 날이다. 그렇기에 필립 헨리(Philip Henry)의 말대로 주일은 모든 날들의 여왕이며, 일주일의 진주와 같은 날이다. 주일을 누리지 못하는 인생은 참으로 불행한 인생이다. 예수님을 믿어도 주일을 소홀하게 여기고, 주일마저도 예배에 한 시간 참석하는 것으로 하며, 자기 일에 분망한 사람 또한 참으로 불행한 사람이다.

–이만신

도입을 위한 질문

❶ 일주일 중에 가장 기분 좋은 요일은 언제이며, 그 이유는 무엇입니까?

❷ 재판을 경험하거나 본 적이 있다면, 그 느낌을 간단하게 나눠보십시오.

본문 질문

❶ 송사가 있을 때 어떻게 해야 합니까?(1–3절)

* 거짓된 풍설(1절): '거짓된, 근거 없는'이라는 뜻의 '솨웨'와 '소문, 보고'라는 뜻의 '쉐마'가 합쳐진 말로 '근거 없는 소문'이란 의미이다.

❷ 원수 또는 미워하는 자를 어떻게 대하라고 가르치고 있습니까?(4–5절)

❸ 판결하는 자가 취해야 할 기본적인 태도는 무엇입니까?(6–9절)

* 거짓 일을 멀리 하며(7절): 재판관의 올바른 판단을 강조하고 있다. 비록 고의가 아니더라도 재판관은 그릇된 판단을 내릴 수가 있고, 그럴 경우 엄청난 결과가 초래된다.

❹ 안식년과 안식일에 관한 법규를 정리해보십시오(10–13절).

* 포도원과 감람원도 그리할지니라(11절): 포도주와 감람유는 팔레스타인의 주요 산물이자, 히브리인들의 주식으로도 사용되는 중요 작물이다.

❺ 이스라엘의 3대 절기는 무엇입니까?(14-16절)

* 아빕월(15절): 유대 종교력의 제1월. 유대 민간력의 제7월에 해당하는데, 후대에는 바벨론식 이름인 '니산월'로 불렸다.

❻ 이스라엘의 모든 남자는 매년 몇 번씩 여호와께 보이라고 말씀합니까?(17절)

* 모든 남자(17절): '콜 제쿠르카'라 읽으며, 여기서 '제쿠르카'는 '너의 남자들'이란 뜻을 가진다. 이것은 '기억하다'는 뜻의 '자카르'에서 유래한 말로 '기억된 남자', 즉 이스라엘의 인구 조사에 포함되는 20세 이상의 모든 남자를 가리키는 말이다(민 1:3).

❼ 여호와께 드릴 제물은 어떻게 준비해서 드려야 합니까?(19절)

더 깊은 연구와 묵상을 위하여

하나님은 이스라엘 민족에게 매년 세 번의 절기를 지킬 것을 지시하셨는데 그것은 무교절, 맥추절, 수장절이었다. 무교절이란 유월절과 관련된 절기였다. 이스라엘 백성들이 애굽을 떠나기 전날 밤, 어린 양의 피를 문설주에 발라서 재앙을 면하게 된 사건을 기념하여 아빕월 14일 밤에 유월절을 지켰고, 그 유월절 다음날부터 7일 동안 무교절로 지켰다. 맥추절은 오순절이라고도 하는데 한 해의 첫 번째 곡식인 보리를 추수하게 된 것을 기념하는 의미에서 맥추절이라고 부르고, 이 절기가 유월절을 보낸 후 50일 만에 맞이하게 된 것이기에 오순절이라고 부른다. 바로 이 오순절에 성령강림사건이 일어났으므로 신약 시대에 이르러 성령강림으로 이루어진 교회의 첫 수확을 기념하는 절기가 되었다. 수장절은 초막절이라고 하는데 한 해의 추수를 끝내고 풍성한 열매를 가지고 쉬게 된 것을 기념하는 의미에서 붙여진 이름이고, 초막절은 이스라엘 백성들이 하나님의 은혜 속에서 천막을 치고 광야생활을 했던 사실을 기념하는 의미에서 붙여진 이름이다.

❶ 구약의 3대 절기와 오늘 우리가 교회에서 지키는 절기를 비교해보십시오.

❷ "너는 염소 새끼를 그 어미의 젖으로 삶지 말지니라"(19절)고 지시한 이유는 무엇입니까?

적용을 위한 글

살다 보면 억울하게 당할 때가 있다. 그때에 피난처가 있는 사람은 복된 사람이다. 시편 기자의 피난처는 의로우신 하나님이었다. 그는 하나님이 홀로 의로우신 재판장이심을 굳게 믿었다. 그래서 그는 억울함을 느끼는 순간, 하나님께 달려가 "주 나의 하나님, 내가 주께 피하오니 나를 구원하여 주시고 나를 건져주옵소서"라고 기도를 시작한다. 억울하게 당했다고 느낄 때 제일 먼저 해야 할 기도의 내용은 자신을 성찰하는 것이다. 억울하게 당한 원인을 다른 이에게서 찾는 것, 상대방을 비난하는 것은 쉬운 일이다. 이런 경우에 다른 이들에 대한 비난이나 저주는 내 영혼에 조금의 유익도 가져오지 못한다. 그러나 자신을 성찰하기 시작하는 순간, 그는 내면에 있어서 부요한 자가 된다. 우리는 타인의 불행에 대해서는 그의 변호사가 될지언정 검사역을 자처하지 말아야 한다. 이웃의 불행을 보며 죗값이라고 쉽게 판단하지 말아야 한다. 그러나 자신의 불행에 대해서는 스스로 검사역을 자처하고 엄중하게 참회할 필요가 있다. 오늘 나의 불행이 주의 징계였다면 참회는 나의 새로운 행복을 열어줄 것이다. 아무리 기도해도 지금 겪고 있는 나의 고난이 나의 과오와 상관없는 억울함으로 다가온다면, 이제 나를 찢고자 하는 원수의 회개를 위해 기도할 시간이다. 원수를 저주하지 말고 원수가 회개하도록 기도하자. 원수가 회개하지 않는다면 하나님의 공의로운 심판에 맡기자. 원수가 나를 위해 파놓은 함정은 스스로를 위한 함정이었음이 곧 드러날 것이다. 그분의 의로우신 심판을 신뢰하며 소리 높여 주를 찬양하자. 억울함이 곧 물러갈 것이다. —이동원, 「이렇게 자유하라」

적용 및 결단을 위한 질문

❶ 사건과 사고로 인하여 재판해야 할 때, 그리스도인은 어떤 태도를 취하는 것이 바람직하다고 생각합니까?

❷ 이스라엘에게 주신 3대 절기의 근본적인 취지는 하나님을 향한 믿음의 요구입니다. 복잡한 절차의 절기 대신에, 오늘날 우리에게 주신 예배와 집회를 통해서 하나님을 기쁘게 해드리는 참된 예배자가 되십시오.

08 행동규범

본문 출애굽기 23:20-33

외울말씀 그들이 네 땅에 머무르지 못할 것은 그들이 너를 내게 범죄하게 할까 두려움이라 네가 그 신들을 섬기면 그것이 너의 올무가 되리라 (33절)

도입을 위한 글

인도에서는 갠지스 강을 거룩한 강이라고 부르며, 죽어가는 사람의 몸을 그 강에 던지면 천국에 간다고 믿으며 그 강을 신으로 숭배하고 있다. 어느 날 서양의 한 과학자가 갠지스 강의 물을 떠서 인도인에게 현미경으로 보여주었다. 그 강물은 시체와 쓰레기로 인해 오염되어 있었고, 현미경에는 병을 일으키는 독한 세균들이 많이 보였다. 과학자들은 인도인에게 강물을 끓이기 전에는 마시지 말라고 권했지만 인도인들은 오히려 더러운 물을 마시던 것을 후회하지 않고, 세균을 밝게 보여준 현미경을 깨뜨려버렸다. 이것이 바로 무지한 우리의 모습이다. 하나님은 사랑하는 자녀들을 위해 계속해서 가르쳐주시지만 인간들은 계속 거부할 뿐이다. 물론 다양한 이유와 핑계가 있다. 하지만 하나님의 인도하심을 거부할 때 결국 손해를 보는 것은 우리다. 지금이라도 늦지 않았다. 주님이 무엇을 말씀하시는지 듣자. 새기자. 그리고 실천하자.

도입을 위한 질문

❶ 주님이 여러분에게 주신 신앙의 행동규범은 무엇이라고 생각합니까?

❷ 지금 여러분이 하나님보다 더 많이 생각하고 좋아하는 것이 있습니까?

본문 질문

❶ 하나님이 이스라엘을 보호하고 인도하기 위해서 누구를 보내시겠다고 말씀하셨습니까?(20절)

* 사자(20절): '대리로 파견하다'는 의미를 지닌 말로서, 성경에서는 종종 천사를 지칭하기도 하며 때로는 제사장 혹은 교사를 가리키기도 한다.

❷ 이스라엘 백성들은 하나님이 보내신 자를 어떻게 대해야 했습니까?(21절)

* 허물(21절): 단순한 잘못이나 흠을 가리키는 말이 아니라 '반항, 반역' 등과 같은 적극적인 범죄 행위를 의미한다.

❸ 하나님이 보내신 자가 무엇을 할 것이라고 말씀하셨습니까?(22-23절)

* 끊으리니(23절): 기본형 '카하드'는 '멸망하다'는 의미이다.

❹ 하나님이 이스라엘 백성들에게 주신 명령은 무엇입니까?(24-25절)

❺ 말씀에 순종할 때 하나님이 이스라엘 백성들에게 약속한 것은 무엇입니까?(25-28절)

* 네 하나님 여호와를 섬기라(25절): 가나안 진입을 앞두고 우상 숭배를 근절하라는 명령과 아울러 하나님을 섬길 것이 재차 강조된다.

❻ 이방 족속을 쫓아내시는 하나님의 방법은 무엇입니까?(29-31절)

* 홍해…블레셋 바다(31절): 여기서 홍해는 아카바 만을 가리키고 블레셋 바다는 지중해를 가리키는데, 이것은 곧 당시의 동쪽과 서쪽 경계를 의미한다.
* 광야…강(31절): 여기서 광야는 수르(Shur) 광야를 뜻하고 강은 유프라테스 강을 가리키는데, 이것은 곧 남쪽과 북쪽 경계를 의미한다.

❼ 이방 신들과 언약을 맺지 말라고 한 이유는 무엇입니까?(32-33절)

더 깊은 연구와 묵상을 위하여

인도 사람들은 소를 숭배한다. 그래서 수천 명씩 굶어 죽어가는 것을 보면서도 소고기를 먹지 않는다. 그들은 차를 몰고 가다가 소가 지나가면 차를 멈추고 소가 다 지나가기를 기다린다. 이것이 단지 동물애호정신이라면 문제될 것이 없겠지만, 그들의 종교 신앙에서 나온 것이기에 문제가 있다. 인도의 카그리아에서 열차가 강으로 떨어지는 대형 사고가 있었다. 이 사고로 희생된 사망자 수가 3,000명이 넘었다고 한다. 이 끔찍한 대형 열차사고의 원인은 교량 한복판에서 소 한 마리를 발견한 기관사가 갑자기 브레이크를 밟았기 때문이었다고 한다. 다시 말하면, 소 한 마리의 목숨과 사람 3,000명의 생명을 바꾼 드라마 같은 사고였던 것이다. 이것은 우상 숭배의 종말을 상징적으로 보여준 사건이다. 우상 숭배는 결국 우리의 영혼을 파멸로 이끌 것이다. 영원히 돌아올 수 없는 강을 건너게 할 것이다. 그럼에도 많은 사람들이 우상에 빠져 정신을 못차리고 있다. 돈의 우상, 명예의 우상, 학문과 과학의 우상, 인기인의 우상. 지금 여러분은 누구를 숭배하고 있는가?

❶ 이방 족속을 향해 나아가는 이스라엘 백성에게 사자와 더불어 자세한 행동규범을 지시한 이유는 무엇입니까?

❷ 하나님이 이방 족속을 "네 앞에서 조금씩 쫓아내리라"(30절)고 말씀하신 이유는 무엇입니까?

적용을 위한 글

중국의 한 황제가 나라를 다스리는데 중책을 맡길 인재를 찾았다. 그러던 중 깊은 산에 은거하는 지혜로운 은자(隱者)에 대해서 듣게 되었다. 황제는 이 은자를 재상으로 세우기 위해 신하들을 시켜 찾아오라고 했다. 신하들이 은자를 찾아갔을 때, 그는 남루한 옷을 입고 낚시질을 하고 있었다. 신하들의 이야기를 듣고 곰곰이 생각하던 은자가 이렇게 물었다. "내가 듣기에 대궐에서는 황제와 백관들이 날마다 아침에 모여 일하기 전에 황금과 보석으로 치장된 박제 거북이를 경배한다고 하는데 정말입니까?" 신하들은 그렇다고 대답했다. 그러자 은자가 이렇게 말했다. "내 뒤에 흐르는 강에는 거북이가 살고 있지요. 그런데 이 거북이에게 온몸에 금칠을 하고 박제가 되어 궁궐에 있으라고 하면 거북이가 좋다고 하겠습니까?" 하나님을 박제로 만들어서 방 안에 고이 모셔놓는 사람들이 있다. 교회는 나오지만 생활 속에서 하나님이 살아 역사하시는 것을 체험하지 못하는 사람들이다. 하나님이 살아계심을 믿고 그 능력을 받아들이는 자들에게 하나님은 역사하신다. 하나님은 매달리는 자녀들에게 복을 주시기를 기뻐하시는 살아계신 우리의 아버지요, 나를 통해 활동하는 분이다. 하나님을 내 안에 가두지 말자.

적용 및 결단을 위한 질문

❶ 십계명과 연결하여 우상 숭배의 위험성에 대해서 나눠보십시오.

❷ 지금 하나님을 여러분 안에 또는 교회 안에 가두어버리고 있지는 않습니까? 하나님은 우상이 아니라 참된 신입니다. 하나님만을 온전히 섬기는 삶을 살아가도록 서로 기도하고 권면해주십시오.

09 시내 산 언약

| 본문 출애굽기 24:1-18

| 외울말씀 모세가 그 피를 가지고 백성에게 뿌리며 이르되 이는 여호와께서 이 모든 말씀에 대하여 너희와 세우신 언약의 피니라 (8절)

도입을 위한 글

미국 건국 초, 미네소타 주와 위스콘신 주의 경계에 있는 미시시피 강에 지친 모습의 여인이 나타났다. 이 거대한 강의 표면은 얼음으로 덮여있었다. 다리도 보이지 않았고, 이 고장이 초행이었던 그 여자는 당황하면서 생각했다. '과연 건널 수 있을까?' 그렇다고 뒤로 돌아갈 수도 없었다. 밤그림자가 그녀를 덮으려는 순간, 고민 끝에 그녀는 강을 안전하게 건널 방법을 생각해냈다. 그녀는 망설이다가 엎드려서 몸무게를 분산시켜 강을 건너는 길고도 조심스러운 여행을 시작했다. 그리고 아무 탈 없이 건너기를 바라며 속으로 끊임없이 기도했다. 강을 반쯤 건넜을 때, 한 남자와 여러 마리의 말이 산더미 같은 석탄 바리를 끌고 뿌연 먼지를 피우며 강 건너편에서 나타났다. 그는 속도를 늦추지 않고 곧바로 얼음 위로 내달렸다! 그러자 갑자기 자신이 바보스럽게 느껴진 여인은 일어서서 두려움 없이 강을 가로질러 걸어갔다. 많은 사람들이 이 여인처럼 하나님의 약속을 매우 신중하게 살피며 조심조심 살아간다! 한편으로는 의구심을 가지면서 믿음 속으로 살짝 발을 내딛는다. 그러나 하나님의 약속은 쉽게 깨지지 않음을 명심하자.

-로버트 스트랜드, 「영혼의 친구 365」

도입을 위한 질문

❶ 여러분은 약속이 지켜지지 않을 때 어떤 느낌이 듭니까?

❷ 하나님이 여러분에게 주신 최고의 약속은 무엇이라고 생각합니까?

본문 질문

❶ 하나님이 모세에게 지시한 내용은 무엇입니까?(1–2절)

* 나답과 아비후(1절): 대제사장인 아론의 두 아들이다(6:23).

❷ 모세가 하나님의 말씀을 전했을 때 이스라엘 백성들의 반응은 어떠했습니까?(3절)

* 한 소리로 응답하여(3절): 이는 백성들이 한 사람도 어김없이 하나님의 계명을 준행하겠다고 다짐한 것을 가리킨다.

❸ 모세는 여호와의 모든 말씀을 기록한 후에 어떤 행동을 했습니까?(4–7절)

* 번제와 화목제(5절): 번제는 하나님을 향한 전적인 봉사와 헌신을, 화목제는 하나님과의 평화와 교제의 회복과 유지를 상징한다.

❹ 모세가 백성에게 피를 뿌리며 한 말은 무엇입니까?(8절)

* 언약의 피(8절): 하나님과 이스라엘 백성 간에 체결된 언약을 공식적으로 성립시키는 피라는 뜻이다.

❺ 모세와 아론과 나답과 아비후와 이스라엘 장로 칠십 인은 하나님의 산에서 무엇을 보며 어떻게 지냈습니까?(9-11절)

* 청옥(10절): '순결'을 상징하는 보석으로서, 여기서는 하나님의 거룩성을 의미하는 것으로 보아야 할 것이다.
* 편 듯하고(10절): 이에 해당하는 '케마아세 리브나트'는 '예술 행위'(케마아세)와 '길'(리브나트)이 합쳐진 말로 '청옥으로 아름답게 포장한 길과 같다'는 의미이다.

❻ 돌판을 받기 위해서 하나님의 산으로 가기 전, 모세는 장로들에게 무엇을 부탁했습니까?(12-14절)

* 율법과 계명(12절): 여기서 '율법'으로 번역된 '토라'의 원뜻은 '지시' 또는 '지침'이다.

❼ 모세가 하나님의 산에서 겪은 일을 정리해보십시오(15-18절).

* 여호와의 영광(16절): '영광, 존귀'라는 뜻을 지닌 '케보드'는 '풍부함, 장관'(壯觀)이라는 의미도 갖고 있다.

더 깊은 연구와 묵상을 위하여

삶은 곧 관계다. 가정생활은 부부관계 그리고 부모와 자녀의 관계를 통해 이루어진다. 직장생활은 직장의 고용인과 피고용인 그리고 동료들을 비롯해 나와 내게 맡겨진 과제의 관계를 통해 이루어진다. 교회생활 혹은 신앙생활의 본질도 결국 관계의 문제라 할 수 있다. 교회의 머리 되신 주님과 교회의 지체된 성도의 관계야말로 교회생활의 질을 결정하는 열쇠이다. 그런데 관계의 신실성을 테스트하는 시금석은 약속의 문제에 대한 관점과 그 이행여부에 달려있다고 말할 수 있다. 약속(promise)이라는 말을 좀 더 성경적으로 사용한다면 언약(covenant)이라 할 수 있다. 성경에 나타난 언약 중 어떤 언약은 무조건적이며 어떤 언약은 조건적이다. 무조건적인 언약은 하나님의 조건 없는 사랑의 표현이며 조건적인 언약들은 그의 기대를 반영한다. 이스라엘 백성들은 이런 무조건적인 언약들을 하나님이 신실하게 기억하셨음을 회고하며 하나님을 찬양하고 그분에게 감사해야 한다고 주장한다. 생각해보면 출애굽의 은혜도, 가나안의 기업을 허락하심도 일방적인 하나님의 언약이었다. 오늘날 하나님의 백성들이 누리는 구원의 은혜도 조건 없는 선물이며, 천국의 소망도 조건을 초월한 그의 언약이었다. 이제 우리가 할 일은 보다 조건적인 언약들에 대한 우리의 책임을 다하는 것이다. 그것이 바로 순종의 책임이다. 그리고 이런 순종의 책임은 구체적인 행위로 나타나야 한다. 하나님은 그의 자녀들이 약속한 일들에 대하여 신실하게 책임을 다하는 모습을 보고 싶어 하신다. 이 모습만이 우리가 하나님과의 언약의 관계에서 신실한 자녀의 본분을 다하는 길이다. －「21세기 인터넷 선교방송 매일 큐티」

❶ 이스라엘의 열두 지파 대로 열두 기둥을 세운 이유는 무엇입니까?

❷ "너희와 세우신 언약의 피"(8절)의 의미를 구체적으로 설명해보십시오.

적용을 위한 글

데이비드 리빙스턴(David Livingstone)이 아프리카에서 선교사와 탐험가로서의 고된 16년간의 생활을 마치고 고국 스코틀랜드로 돌아왔을 때, 그의 몸은 무척 쇠약해져 있었다. 그의 몸 상태는 사자에게 찢긴 듯 엉망이었다. 글라스고우 대학에서 학생들에게 강연하면서 그는 이렇게 말했다. "해외에서 방랑하면서 겪은 그 고난과 고독의 기간 동안 저를 지켜준 것이 무엇인지 알고 싶지 않습니까? 그것은 '볼지어다, 내가 세상 끝 날까지 너희와 항상 함께 있으리라.'고 말씀해주신 그리스도의 약속이었습니다. 그 약속은 우리의 것이기도 하다. 우리가 어떤 고난을 만나든지, 그리스도는 결코 우리를 떠나지 않으신다. 그분은 매 걸음마다 우리와 함께하신다! 오늘도 그리고 언제나 여러분 앞에 놓인 그 약속을 간직하자.

—빌리 그래함, 「희망」

적용 및 결단을 위한 질문

❶ 시내 산 언약이 오늘날 여러분의 삶에 주는 영향은 무엇입니까?

❷ 하나님의 모든 약속은 성경에 기록되어 있습니다. 매일 기도하고 매일 성경을 묵상함으로 하나님의 약속을 기억하며 살아가십시오.

10 성소의 성물

| 본문 출애굽기 25:1-32

| 외울말씀 무릇 내가 네게 보이는 모양대로 장막을 짓고 기구들도 그 모양을 따라 지을지니라 (9절)

도입을 위한 글

그리피스 존(Griffith John)은 20년이 넘도록 중국에서 지내면서 젊은 선교사들에게 "복음을 전하라. 복음을 전하기 위해서는 서두르지 말고 경건해지도록 힘쓰라"는 말을 자주 했다. 1877년 상하이에서 열린 선교회의에서 그는 "선교사는 무엇보다도 거룩한 사람이 되어야 합니다. 중국 사람들은 선교사들이 거룩한 사람이길 기대합니다. 나는 별로 경건하지 않은 채 큰 영적 능력을 발휘할 수 있는 목회자는 아무도 없다고 확신합니다. 목회자는 착한 사람이기만 해서는 안 됩니다. 그 지방 사람들의 언어와 문화를 익히고 경건에 이르기를 힘써야 합니다. 형제들이여, 이것이 바로 이 큰 나라가 우리를 통해 변화될 수 있기 위해 필요한 일입니다. 삼위일체시요, 거룩한 분이신 하나님과 함께 시간을 보내십시오. 거룩함을 나타내는 하나님의 영이시며, 우리를 거룩한 성전이 되게 하시는 성령과 함께 시간을 나누십시오. 하나님은 친히 우리로 온전히 거룩하게 하십니다. 끊이지 않는 교제를 경험하십시오. 그리스도로 말미암아 우리는 한 성령 안에서 하나님 아버지께 나아감을 얻습니다"라고 했다. —앤드류 머레이, 「헌신, 모든 그리스도인에게 주어진 사명」

도입을 위한 질문

❶ 거룩한 교제를 위해서 무엇이 필요하다고 생각합니까?

❷ 하나님과 깊은 교제를 나누는 곳은 어디입니까?

본문 질문

❶ 여호와께서 모세에게 하신 말씀은 무엇입니까?(1-2절)

* 예물(2절): '(능동적으로) 일어나다, (즐겁게) 가져가다'라는 의미를 지닌 '룸'에서 유래한 말로, 원어로 '테루마'라고 읽는다. 예물은 자원하는 마음에서 자발적으로 바치는 물건이어야 함을 의미한다.

❷ 이스라엘 백성들에게 받을 예물을 정리해보십시오(3-7절).

* 금과 은과 놋(3절): 파종 패물을 가리키는데, 특히 은과 놋을 가리키는 원어 '케세프'와 '네호쉐트'는 '은전'과 '동전'을 뜻한다. 따라서 '금과 은과 놋'은 귀금속과 현금 및 그 제품들을 통칭하는 말임을 알 수 있다.

❸ 하나님이 이스라엘 백성들에게 예물을 가지고 무엇을 만들라고 하셨습니까?(8-9절)

* 모양(9절): '견본' 또는 '모형'으로 번역될 수 있으며, 원어로 '타브니트'라고 읽는다. 이는 어떠한 실체의 그림자와 같은 청사진이나 모델하우스 등을 가리킨다.

❹ 법궤를 어떻게 만들어야 할지 설명해보십시오(10–22절).

* 길이는 두 규빗 반, 너비는 한 규빗 반, 높이는 한 규빗 반(10절): 여기서 한 규빗(Cubit)은 45.6cm로, 법궤는 가로 약 114cm, 세로와 높이 각 68.4cm인 직사각형 상자임을 알 수 있다.

❺ 상과 부속물품을 어떻게 제작해야 하는지 정리해보십시오(23–29절).

❻ 상 위에 두어야 할 진설병은 무엇입니까?(30절)

* 진설병(30절): 원어 '레헴 파님'은 직역하면 '얼굴의 떡', '면전에 놓인 떡'이라는 뜻으로, 곧 하나님께 바치는 거룩한 떡을 가리킨다.

❼ 등잔대를 어떻게 만들어야 할지 정리해보십시오(31–40절).

* 등잔대(31절): 밤에 불을 켜 아침까지 성소 안을 밝히기 위한 기구이다.

더 깊은 연구와 묵상을 위하여

하나님은 성막의 양식을 말씀하실 때 먼저 지성소와 성소에 놓을 중요한 기구에 대해서 말씀하셨다. 성막 중앙에는 언약궤, 속죄소, 그룹들이 놓였다. 언약궤는 가장 중요한 언약의 상징이었다. 당시 주변 민족들의 궤에는 신의 조상이 들어 있었지만 이스라엘 백성에게 주신 언약궤 안에는 증거판(율법에 새긴 돌판), 만나를 담은 항아리, 아론의 지팡이만 들어있었다. 이것들은 모두 하나님께서 그 백성들의 영적, 물리적 삶을 위한 필요를 공급해주신다는 상징물이었다. 그룹들은 언약궤 위를 덮은 속죄소를 형성한 정금판과 붙어서 보이지 않는 이스라엘의 하나님 여호와께서 좌정하시는 보좌를 형성했다. 그 양옆에 금으로 만든 그룹들이 날개를 펴서 속죄소를 덮고 있는 것은 하나님의 보호하심을 나타낸다. 속죄소 밑에는 언약궤가 있어서 하나님의 발등상을 이루었으며, 율법이 하나님의 보호 아래 있다는 사실을 강조했다.

–아더 컨덜, 「성경의 맥」

❶ 성소(성막, 회막, 증거의 막)가 필요한 이유는 무엇입니까?

❷ 성막의 기본 구조를 그려보십시오.

적용을 위한 글

성막 건립 비용은 주로 백성들의 자발적 헌납에 의해 충당되었다. 그것을 달러로 환산하면 아마도 25만 달러에 달했을 것이다. 이것은 가난한 민족에게서 거두어진 것으로는 너무나 큰 돈이었다. 그렇지만 백성들이 기꺼이 헌납하였기 때문에 그 헌물들은 목적을 달성하고도 남았다. 그러므로 오늘날 우리가 세상을 복음화시켜 그리스도에게로 인도하는 데 쓰고도 남을 정도의 재원이 확보될 때가 올 것이라고 희망할 수 있다. 현재 영국과 미국의 선교

단체들은 계속 외치고 있다. "보다 더 많이 주십시오. 보다 더 많이 주십시오. 그렇지 않으면 우리는 많은 선교기자들과 선교사들을 포기해야만 합니다." 국내와 해외에 미완성 상태로 서 있는 교회들이 많다. 그것들은 기독교계에 대한 소리 높은 책망이다. 즉 기독교계는 그것이 빛과 자유, 축복임에도 "백성이 가져오기를 그치니"(출 36:6)라는 모세의 기록 의미를 깨닫기에는 너무도 부족하다는 책망이다. 사람들은 아직도 피를 흘리는 일에 재물을 낭비한다. 하지만 복음의 발전과 기독교적 사업의 운영, 그리고 인간이 은혜 안에서 성장하는 것을 돕는 데 쓸 십일조는 내기 싫어한다. 지금 우리의 관심은 어디에 있는가? 예수 그리스도인가, 아니면 세상인가?

적용 및 결단을 위한 질문

❶ 성소의 기구를 만들라는 하나님의 말씀에 백성들은 적극적으로 헌신했습니다. 주님을 위한 여러분의 헌신은 어느 정도입니까?

❷ 성소는 하나님이 인간과 만나는 거룩한 장소입니다. 지금 여러분이 하나님을 만나는 곳은 어디입니까? 그곳이 없다면 속히 만들어 거룩하신 하나님을 만나십시오.

11 성막

본문 출애굽기 26:1-37

외울말씀 너는 성막을 만들되 가늘게 꼰 베 실과 청색 자색 홍색 실로 그룹을 정교하게 수 놓은 열 폭의 휘장을 만들지니 (1절)

도입을 위한 글

성막을 만들라는 명령은 모세가 이스라엘 백성들을 이끌고 출애굽한 이후 시내 산에서 받았다. 정확히 말하자면, 모세가 출애굽 이후 하나님의 부름심을 받아 세 번째 시내 산에 올라갔을 때 받은 것이다. 첫 번째와 두 번째 시내 산 입산은 출애굽기 19장에 기록되어 있다(출 19:1-6, 16-25). 모세는 두 번째 시내 산 입산 때, 하나님께로부터 십계명을 비롯한 제단과 폭력, 배상과 도덕, 정의와 복지, 세 가지 절기 등에 관한 율법을 받았다(출 20-23장). 40일 동안 시내 산에 있게 된 세 번째 입산은 출애굽기 24:15-18에 기록되어 있다. 여기서 모세는 하나님께로부터 성막과 그 안에 들어갈 여러 가지 도구와 기구에 대한 구체적인 설계도를 지시받게 된다. 그리고 마지막에 모세는 하나님께로부터 성막의 설계도와 하나님이 친히 기록하신 두 증거판을 선물로 받는다(출 25-31장, 31:8). 성경에는 성막에 대해 전체 50장에 걸쳐 설명되어 있다. 출애굽기에는 13장, 레위기에는 18장, 민수기에는 13장, 신명기에는 2장, 히브리서에는 4장이 성막에 대한 기록으로 가득 차 있다. 그만큼 성막은 성경에서 매우 중요한 위치를 차지한다.

도입을 위한 질문

❶ 성막에 대해서 아는 대로 이야기해보십시오.

❷ 성막이 이스라엘 백성들에게 왜 중요한 장소입니까?

본문 질문

❶ 성막의 첫 번째(내부) 휘장의 재료와 만드는 방법은 무엇입니까?(1–6절)

* 성막(1절): '거주하다'라는 뜻의 '솨칸'에서 유래한 말로, '미쉬칸'이라 읽으며 '거처, 거주지'를 의미한다. 이는 하나님이 이스라엘과 함께 거주하심을 나타내는 장소를 가리킨다.

❷ 성막의 두 번째 휘장의 재료와 만드는 방법은 무엇입니까?(7–13절)

* 염소털은 습기를 차단시켜 주는 효과가 뛰어났기 때문에 유목민들의 일반적인 천막 재료로 쓰였다.

❸ 막의 덮개와 웃덮개의 재료는 무엇입니까?(14절)

❹ 성막을 견고하게 세우기 위해서 무엇을 만들어 세우라고 하셨습니까?(15절)

❺ 성막의 널판은 어떤 역할을 하였고, 총 몇 개가 사용되었습니까?(16–30절)

* 성막의 형체를 유지하기 위해서는 조립식 널판이 필요했는데, 따라서 은받침 위에 널판이 세워지고 그 위에 휘장이 드리워짐으로써 성막이 형성되었던 것이다.

❻ 성소와 지성소를 어떻게 구분되었습니까?(31-33절)

❼ 휘장 문은 어떻게 만들어졌습니까?(34-37절)

* 성막 문을 위하여 휘장을 만들고(36절): 지성소의 휘장과 함께 성소에도 휘장이 쳐졌다.

더 깊은 연구와 묵상을 위하여

이스라엘 백성들은 하나님으로부터 성막을 만드는 구체적인 방법을 지시받는다. 특히 성막의 내부 휘장은 베 실, 청색, 자색, 홍색 실로 수 놓아 들었으며, 그 위를 덮는 막은 염소털로 만들고, 그 위를 덮는 덮개는 숫양의 가죽으로 만들고, 맨 나중 윗덮개는 해달 가죽으로 만들었다. 이것을 통해서 성막 내부일수록 고급자재를 사용했으며, 외부로 나갈수록 바다동물의 가죽으로 덮어서 물이 새지 않게 한 것을 알 수 있다. 이렇게 한 이유는 성막을 비나 이슬같은 것으로부터 보호하라는 의미가 있으며, 그 외에도 안으로 들어갈수록 최고의 것을 사용해야 한다는 것을 가르쳐주고 있다. 이것을 우리의 삶에 비교해서 적용해보자. 우리들은 겉으로 드러나는 것일수록 아름답게 꾸미고, 내부의 것일수록 대수롭지 않게 취급하려는 경향이 있다. 손님이 오면 청소를 깨끗이 하고 온갖 예의범절을 갖추는 반면에, 늘 상대하는 가족에게는 아무렇게나 막 대하는 것이 곧 우리의 모습인 것이다. 겉으로는 의롭고 깨끗한 것처럼 꾸미고 다니지만, 속으로는 온갖 더러운 죄악이 판치는 모습이 바로 우리의 실체가 아닌가? 예수님께서는 이것을 아주 신랄하게 훈계하셨다. 우리의 속은 어떠한가? 하나님의 성막은 겉보다 속이 아름다운 성전이었다. 우리 몸도 하나님의 성전이므로 외적인 것만 꾸미는 것이 아니라, 내면의 아름다움에 더욱 신경 써야 할 것이다.

❶ 출애굽기 26장에서 하나님이 지시한 성막의 모양을 그려보십시오.

❷ 성막에서 휘장이 주는 영적 의미는 무엇입니까?

적용을 위한 글

성막을 구약 시대의 낡은 유물로 치부하며 그 의미가 어렵거나 고리타분하다고 생각하는 사람들은 성막의 중요성과 은총을 간과하는 것이다. 사실 극적이고 스펙터클한 서사로 채워진 구약성경을 따라가며 성막에 관한 내용을 공부하다 보면 성막이 무척 흥미롭고 알기 쉬우며 현재진행형의 의미가 있다는 사실을 알게 된다. 성막은 '구원의 설계도'이기도 하다. 구약성경에 나오는 제사 의식은 신약성경에 드러난 예수 그리스도의 희생과 그로 인한 구원을 상징적으로 보여주는 '예표'이기 때문이다. 단지 성막과 각종 의식 및 제도에 얽매여 하나님께 제사를 드린다면 예수 그리스도의 대속적 죽음을 헛되이 할 수 있다. 실제로 예수님은 이러한 잘못된 생각들과도 싸우셔야 했고, 이에 대해 요한복음 2장과 4장에서 말씀하셨다. 성막은 '성전 건축의 원리'도 알려준다. 즐거운 마음으로 하나님이 가르쳐주신 설계도 모양대로 하라는 것, 특히 '우리의 몸'을 하나님의 성전으로 잘 보존하고 그 기능

> 을 회복시켜 하늘성전 건축의 역군으로 헌신해야 한다는 것이다. 성막의 여러 구조는 우리의 신앙생활과도 연결된다. 하나님과의 화해 교리를 가르치는 번제단에서는 죄 사함으로 거듭나 주님을 믿고, 성령의 역사로 여러 영적 체험을 한다. 성별의 교리를 담은 물두멍에서는 죄를 씻고 영혼을 단장하면서 회복을 맞는다. 성소 안으로 들어와 등대 앞에 서면 이제 맡은 바 사명을 감당해야 한다. 기름부음은 하나님을 만나 성령과 교제가 이루어진 행위이다. 등대를 지나 영혼의 굶주림을 채우는 떡상에서는 하나님의 말씀을 읽고 묵상하며 기도하면서 주님과의 교제가 이루어진다. 중보의 교리를 담고 있는 분향단에서의 기도는 기도의 최고봉이다. 하나님의 임재를 상징하는 지성소 법궤 위에 피가 뿌려지면 비로소 우리의 죄가 덮이고 하나님과의 진정한 교제가 일어나면서 존재적 인격이 변화된다. 결론은 하나님과 함께 사는 삶이 축복이라는 것이다. —이정복, 「새로운 살 길」

적용 및 결단을 위한 질문

❶ 성막은 총 4개의 덮개로 되어있어 외부의 영향을 전혀 받지 않도록 했습니다. 외부의 위험으로부터 여러분을 보호하고 있는 덮개는 무엇입니까?

❷ 하나님의 성막은 48개의 널판을 이용할 정도로 튼튼하게 제작되었습니다. 우리의 신앙의 기초는 어떠합니까? 튼튼한 신앙의 기초를 위해서 무엇을 해야 할지 기도해보십시오.

12 제단과 뜰

본문 출애굽기 27:1-21

외울말씀 제단은 널판으로 속이 비게 만들되 산에서 네게 보인 대로 그들이 만들게 하라 (8절)

도입을 위한 글

성막과 그와 관련된 기구들로는 증거궤, 등잔대와 기구들, 성막, 단, 성막 뜰, 제사장의 옷, 분향단, 물두멍 등이 있다. 이 모든 것을 포함한 성막이 완성된 시기는 출애굽한 지 2년째 되는 유대력 1월 1일이다(출 40:1, 17). 성막의 명칭은 장막, 회막, 증거막, 성소 등 여러 가지가 있다. 먼저 출애굽기 25:8에는 '성소'(聖所: Sanctuary)라고 기록되어 있는데, 히브리어로는 '미크다쉬'라고 한다. 신전, 성전, 장막, 성물, 거룩한 곳 등의 뜻이며, 거룩함, 성별됨, 구별됨, 신성함, 신에게 바쳐짐 등의 뜻을 가진 '코데쉬'와 어원이 동일하다. 한마디로 '하나님께 바쳐진 거룩히 구별된 곳'이라 하겠다. 출애굽기 25:9에 기록된 '장막'(帳幕: Tabernacle)은 히브리어로 '미쉬칸'이라고 한다. 거주지, 거처, 회막 등의 뜻을 가지며 정착하다, 거주하다, 머무르다, 계시다, 살다 등을 뜻하는 동사 '솨칸'에서 유래한 말로 '살아계신 하나님이 머물러 계시는 곳'이라고 할 수 있다. 출애굽기 26:30에 기록된 '성막'(聖幕, Tabernacle) 역시 장막에 해당하는 히브리어인 '미쉬칸'이다. 민수기 1:53에 기록된 '증거막'은 '증거의 장막'(the Tabernacle of the Testimony)으로 '미쉬칸 하에두트'라고 한다. 성경에서는 성막과 동일한 단어로 사용되고 있다

(출 38:21; 민 9:15). 여기서 증거에 해당하는 '에두트'는 증언, 법전, 율법, 율례, 말씀 등을 뜻한다. 법궤 속에 증거판, 곧 하나님의 율법 또는 말씀이 새겨진 두 돌판이 있기 때문에 붙여진 이름으로, '법막'(法幕, Tabernacle)이라고도 한다(출 25:16; 대하 24:6). 따라서 이 증거막은 '하나님의 율법 또는 말씀이 머무는 곳'이라고 할 수 있다(대하 24:6). —연합공보

도입을 위한 질문

❶ 여러분은 교회에 갈 때 무엇을 준비합니까?

❷ 성막과 교회를 비교할 때 비슷한 점을 한 가지씩 이야기해보십시오.

본문 질문

❶ 제단의 재료와 규격에 대해서 적어보십시오(1–2절).

* 제단을 만들되(1절): 하나님께 제사드릴 때 제물을 태우기 위한 단(壇)으로 '번제단'으로 불린다(출 30:28, 31:9; 레 4:7, 10). 그런데 조각목으로 만든 후 놋으로 쌌기 때문에 '놋제단'으로도 불렸다.

❷ 재를 담는 통과 부삽과 대야와 고기 갈고리와 불 옮기는 그릇의 용도는 무엇입니까?(3절)

* 재(3절): 기름과 뒤섞여있는 제물이 탄 재를 말한다.

❸ 그물과 채는 무엇을 위해서 만들었습니까?(4-8절)

❹ 성막의 뜰의 구조를 간단하게 설명해보십시오(9-18절).

* 뜰(9절): 원어로 '차르'라 하며 '좁은 장소'라는 뜻과 '괴로움'이라는 상징적인 의미를 가지고 있다. 이 말은 '괴롭히다'는 뜻의 동사 '차라르'에서 유래한 말로, 성막의 뜰은 희생 제물로 바칠 짐승을 대기시키고, 잡는 곳으로가서 인간의 죄가 상징적으로 처리되는 괴로움의 장소였음을 시사한다.

❺ 성막의 모든 기구와 그 말뚝과 뜰의 포장 말뚝의 재료는 무엇입니까?(19절)

❻ 등불을 밝히는 데 사용한 기름은 무엇입니까?(20절)

* 끊이지 않게 등불을 켜되(20절): 밤낮으로 계속 등불을 켜라는 말이 아니라, 저녁부터 아침까지 끊이지 말고 등불을 켜라는 뜻이다. '매일 밤 규칙적으로 등불을 켜되'라고 표현하는 것이 좋다.

❼ 이스라엘 자손이 대대로 지킬 등불에 관한 규례는 무엇입니까?(21절)

* 규례(21절): 원어적으로 '규정된 어떤 것, 법령, 포고'라는 뜻이다.

더 깊은 연구와 묵상을 위하여

1798년에 에드워드 제너(Edward Jenner)는 천연두로 죽어가는 많은 사람들을 구하기 위해 젖소에서 천연두의 면역성을 가진 우두를 발견하고, 그것을 사람에게 주사하면 천연두 면역성이 생긴다는 것을 학회에 보고했다. 학회에서 실험 마지막 단계에 들어갔을 때, 영국 학계의 권위 있는 의사들은 시기와 질투로 그를 비웃으면서 시골뜨기 의사가 의학의 ABC도 모르면서 하나님과 의학을 모독한다고 조롱했다. 동물에게 실험한 것이 사람에게 적용될 수가 있겠느냐고 반론을 제기하며 그의 연구를 없애버리려고 했다. 당시 이 학회에서는 연구가 부결되면 인체 실험이 매우 어려운 때였으므로 다시 빛을 보기가 어려웠다. 그래서 그는 눈물을 머금고 "몇 달 전에 어느 사람에게 실험을 해서 효과가 있었습니다" 하고 말했다. 그랬더니 그들은 한 사람의 임상 실험만으로는 믿을 수 없다며 또 비난했다. 그러자 제너는 눈물을 흘리면서 "여러분, 제 말을 들어보십시오. 저는 23명을 실험했고, 낳은 지 열 하루밖에 되지 않은 제 아들에게도 실험을 했습니다"라고 말했다. 그러자 장내는 숙연해졌다. 그것은 필사적인 실험이었다. 인류에게서 천연두를 없애버리기 위한 한 알의 밀알이 된 것이다. 희생이 없이는 위대한 일을 할 수 없다.

❶ 놋제단에 담겨있는 영적인 교훈은 무엇입니까?

❷ 성막의 뜰이 성도들에게 주는 메시지는 무엇입니까?

적용을 위한 글

성막의 뜰은 교회를 상징한다. 이 뜰에는 바깥 세상과는 구별되는 구분이 있다. 여러 개의 받침 기둥으로 이루어진 이 울타리는 교회의 견고함을 의미하며, 세마포장을 드리운 것은 성도들의 의로움을 상징한다. 그런데 이러한 의로움은 인간 자신의 의도, 율법의 의도 아니다. 이것은 오직 하나님의 말씀 안에 계시된 진리의 의이며, 예수 그리스도의 의이다. 그러므로 오직 예수 그리스도로 말미암아 하나님 앞에 나아감으로써 구원을 얻어 의에 이르게 된다. 한편, "이 집은 살아 계신 하나님의 교회요 진리의 기둥과 터니라"(딤전 3:15)는 말씀이 있다. 이 말씀과 성막의 뜰을 이루는 포장을 병행시켜 이해하면 성막의 기둥은 진리의 기둥이며 그 기둥받침은 진리의 터, 즉 진리의 기반이라는 것을 알 수 있다. 여기서 진리는 하나님의 말씀이므로 교회의 법은 하나님의 말씀에 근거해야 한다. 그리고 그곳에는 성막으로 들어오는 사람을 위하여 문이 만들어졌다. 이 문은 참과 거짓을 구별하는 법규이며 척도이다. 신약 시대에 예수 그리스도는 자신을 문이라고 하셨다. 또한 이 문으로 들어오지 않는 자는 절도요 강도라고 하였다. 따라서 문을 통하여 성막으로 들어갈 수 있듯이 교회도 그리스도를 통해서만 하늘나라로 들어갈 수 있다. 즉 그리스도는 그의 구속 사역의 공로에 의하여 택한 백성을 사죄의 문, 구원의 문, 의와 천국의 문으로 이끄시는 것이다. –강병도, 「출애굽기」

적용 및 결단을 위한 질문

❶ 성막의 문을 통과해야만 하나님께로 나아갈 수 있습니다. 구원과 영생을 위해서 우리가 통과해야 할 문은 무엇입니까?

❷ 교회 안에서 꺼지지 말아야 할 등불은 예수 그리스도입니다. 예수 그리스도로 충만한 교회가 되기 위해 필요한 것이 무엇인지 나누고 실천하십시오.

13 제사장의 옷

본문 출애굽기 28:1-43

외울말씀 너는 무릇 마음에 지혜 있는 모든 자 곧 내가 지혜로운 영으로 채운 자들에게 말하여 아론의 옷을 지어 그를 거룩하게 하여 내게 제사장 직분을 행하게 하라 (3절)

도입을 위한 글

옷 입는 법에 대한 연구가 여러 각도에서 진행되고 있다. 사회학자들은 관복이나 여성의 의복 등을 통해서 당시의 사회 계급이나 생활 방식 등을 연구한다. 특히 군인들은 군복에 신경을 많이 쓴다. 그 이유는 군복이야말로 군의 기강이며 전투력과 직결되기 때문이다. 옷에 부착되는 여러 표시는 계급이나 군 경력을 나타내며 복식 하나하나는 전투할 때마다 필요하도록 만들어졌다. 출애굽한 이스라엘 백성들의 제사장 의제(衣制)를 살펴보면 지금부터 대략 3,500년 전의 의복이다. 무려 3,000년 전 제사장 옷이 오늘 우리에게 무슨 의미가 있겠는가? 그러나 주의할 것은 이 의복이 이스라엘 사회의 관습이나 필요에 따라 만들어진 것이 아닌 하나님께서 친히 고안하셨다는 사실이다. 어느 사회든지 제사장이나 사제의 복장은 특별하다. 뭔가 신비스럽고 화려하다. 그것은 그 사회가 사제직에 특별한 의미를 부여하지 않으면 안 되기 때문에 의도적으로 만든 것이다. 그러나 여기에 나오는 이스라엘 제사장 옷은 하나님께서 고안한 복장이다. 그러한 이유로 이 복장은 사회적인 신분이나 계급과는 다른 의미를 가진다는 것을 기억해야 한다.

–김서택, 「그 백성 가운데 거하시는 하나님」

도입을 위한 질문

❶ 지금 여러분이 입고 있는 옷의 스타일과 특징은 무엇입니까?

❷ 예배를 드릴 때 적합한 옷차림에 대해서 나눠보십시오.

본문 질문

❶ 하나님을 섬기는 제사장의 직분을 감당할 사람으로 누가 세워졌습니까?(1절)

* 제사장 직분을 행하게 하되(1절): 이때까지는 모세가 하나님과 이스라엘 백성의 중보자로서의 역할을 했고 제사도 담당했다. 그러나 이제 아론과 그 아들들을 제사장으로 세움으로써 모세는 중요한 기능 하나를 이양하게 된다.

❷ 제사장에게 어떤 옷을 지어 입으라고 하셨습니까?(2-3절)

* 거룩한 옷(2절): 원어로는 '비그데이코데쉬'라고 한다. '옷'이란 뜻의 '베게드'는 '덮다, 가리다'라는 뜻의 동사 '바가드'에서 유래했다.

❸ 제사장의 옷은 기본적으로 어떻게 구성되어 있습니까?(4절)

❹ 대제사장이 입은 에봇의 모양을 설명해보십시오(6-12절).

* 금 실 · 베 실(6절): 이들 재료 중 금 실을 제외하고는 모두 성막 휘장의 재료와 동일하다.

❺ 대제사장의 옷의 판결 흉패는 어떻게 만들어졌습니까?(15-30절)

* 판결 흉패(15절): 판결이란 곧 법적 효력을 지닌 판례를 뜻한다.

❻ 땋은 사슬, 고리, 우림, 둠밈의 용도는 무엇입니까?(22-30절)

* 우림: '빛'을 뜻하는 '우르'의 복수형으로 '빛들'이란 말이다.
* 둠밈: '온전함'을 뜻하는 '톰'의 복수형으로 '완전'을 뜻한다.

❼ 대제사장의 옷 가장자리로 돌아가며 청색, 자색, 홍색 실로 석류를 수 놓고 금 방울을 간격을 두어 달아놓은 이유는 무엇입니까?(33-35절)

더 깊은 연구와 묵상을 위하여

판결 흉배(가슴받이)에 붙일 보석에는 이스라엘 아들들의 이름이 새겨져 있었다. 이 보석은 하나님의 백성들을 상징하는 하늘 도성의 기초석에 쓰인 보석의 목록(계 21:18-20)과 비슷한데, 이것은 하나님께서 예수 그리스도를 영접한 성도들 한 사람 한 사람을 기억하시고 그들을 거룩한 백성이요 제사장으로 삼아주실 것임을 보여준다. 성도는 세상 무엇과도 비교할 수 없는 벅찬 신분을 소유한 사람들이다. 그 가치를 일깨우고 그 가치에 어울리게 사는 것이 세상에서 인정받으며 사는 것보다 더 힘겨운 시대 아닌가? '우림과 둠밈'은 하나님만이 우리의 참된 판결자이심을 보여준다. 그것을 판결 흉배 안에 넣어두는 것은 우리의 가슴을 주장하는 것이 하나님의 뜻이어야 한다는 의미일 것이다. 에봇 밑에 입는 겉옷 가장자리에는 금 방울이 달려있다. 아론이 성소에 드나들 때 이 방울소리가 나야 죽음을 모면할 수 있다고 하신다. 엄위하신 하나님 앞에 나아가는 것 자체가 큰 은혜지만, 매우 위태로운 일이기도 하다. 하나님의 임재를 늘 사모하지만 과연 우리 공동체는 그 임재를 감당하기에 합당한 마음을 준비하고 있는지 돌아보자. '여호와께 성결'이라고 새겨진 순금 패를 쓰면 제물을 드리는 백성이나 제사장들에게 잘못이 있더라도 그 제물을 받아주겠다고 하신다. 성결을 단호하게 요구하시지만 늘 넘어질 수 있는 우리의 연약함을 아시고 다시 일어나 회복할 길을 열어놓으신 것이다. 우리도 하나님 앞에 성결한 제물로 드려진 그리스도를 인하여 하나님 앞에 받아들여진 자로 예배할 수 있게 되었다. 그리고 하체를 가리는 속옷을 만들게 하셨는데 이는 거룩하고 단정함으로 옷 입히시려는 하나님의 뜻이 담겨있다.

❶ 다음 그림을 보고 대제사장의 옷의 명칭을 적어보십시오.

❷ 대제사장의 관 위에 순금으로 패를 만들어 도장을 새기는 법에서 그 위에 새기는 '여호와께 성결'의 영적 의미는 무엇입니까?

적용을 위한 글

그리스도로 옷 입은 자가 되어야 한다. 말씀을 듣고 난 후 곧바로 변화되는 사람이 얼마나 되겠는가? 먼저 친절의 옷, 낮아짐의 옷, 부드러움의 옷을 입고, 찬송의 옷과 기도의 옷과 감사의 옷을 입어야 한다. 내면의 변화는 생각과 행동으로 시작되고 생각과 행동의 변화는 우리의 내면을 더욱 성숙하게 한다. '주님을 닮아가는 삶'을 살고자 하는 이에게 겸손과 친절, 사랑을 실천하는 선한 행동이 참된 그리스도인으로 성장하도록 돕는 것이다. "진정 나의 길을 가려느냐?" 하고 물으시는 주님께 우리의 마음이 응답할 때 주께서 친히 그리스도의 선한 옷을 입혀 주시며 우리의 생각과 행동을 지키실 것이다. "오직 주 예수 그리스도로 옷 입고 정욕을 위하여 육신의 일을 도모하지 말라"(롬 13:14).

—CTS, 「새벽종소리」

적용 및 결단을 위한 질문

❶ 대제사장에게 속옷을 입히신 것은 이방 예배의 나체주의와 구별되게 하신 것입니다. 지금 하나님 앞에 나아가는 우리가 입어야 할 것은 무엇입니까?

❷ 탐욕, 미움, 음행, 거짓, 질투 등 주님이 진노하실 것을 모두 버릴 때 참된 예배자가 되고 그리스도로 옷 입게 됩니다(갈 3:27). 그리스도로 옷 입기 위해서 무엇을 해야 합니까?

14 제사장의 임직

본문 출애굽기 29:1-37

외울말씀 네가 그들에게 나를 섬길 제사장 직분을 위임하여 그들을 거룩하게 할 일은 이러하니 곧 어린 수소 하나와 흠 없는 숫양 둘을 택하고 (1절)

도입을 위한 글

제사장이란, 전문적으로 하나님을 섬기는 사람(출 28:1)을 말한다. 구약성경의 기록에 의하면 제사장이란 죄를 위하여 제물을 드리는 사람이었다(레 1:5). 그런데 처음 사람 아담은 무죄하였으므로 제물을 드리는 사람이 아니었다. 그런데 어떻게 아담을 제사장이라 말할 수 있는가? 우리가 성경을 자세히 보면 제물을 드리는 제사장의 임무란, 성막 뜰에서 행해진 일부요 제물 드리는 일은 제사장 직무의 1/3에 해당되는 것뿐이었다. 제사장은 단순히 제물만 바치는 사람이 아니었다. 성소에 들어가면 진설대에 진설병을 준비하고 등대에 불을 켜야 하며 향단 위에 향도 피워야 한다. 제사장이 지성소에 들어가면 하나님의 임재를 체험하고 그분을 만나고 법궤 앞에서 그분만을 섬기게 된다. 그러므로 아담이 제물을 드리는 사람이 아니더라도 그는 하나님을 섬기고 하나님 앞에 서는 한 사람의 제사장이었다. 아담이 타락하기 전 항상 에덴 동산에서 하나님 앞에 서 있었으며 그는 전문적으로 하나님을 섬기는 사람이었다. 그러므로 아담은 창조된 족속의 머리일 뿐만 아니라 그의 본분은 하나님을 섬기는 제사장적 직무를 수행하는 것이었음을 알 수 있다(사 43:7).

도입을 위한 질문

❶ 제사장과 오늘날의 목사의 공통점은 무엇입니까?

❷ 직분자(목사, 장로, 안수집사) 위임식에 참석해본 경험이 있습니까? 어떤 생각이 들었습니까?

본문 질문

❶ 제사장 직분을 위임하기 위해서 준비해야 할 것은 무엇입니까?(1–3절)

* 흠 없는(1절): 원어로 '테미밈'이라 하며, 원뜻은 '완전한'이다. 이는 단순한 정성을 보기 위함이라기보다는 하나님의 성품 자체가 완전하시기 때문에 이러한 제물을 요구하셨다고 할 수 있다.

❷ 제사장이 입는 옷에는 어떤 것이 있습니까?(4–9절)

* 관유(7절): 거룩한 목적에 사용하기 위하여 특별히 만든 기름을 가리킨다.
* 위임하여(9절): 원어로는 '밀레타 야드'라고 하며, 직역하면 '손에 가득 채워'라는 뜻이다. '위임한다'는 뜻으로 쓰인 '말레'는 본래 이와 같이 '채우다, 충만하다'는 뜻인데 상징적으로는 '성취하다 봉헌하다'는 의미로도 사용된다.

❸ 제사장의 임직식을 드려야 할 첫 번째 제사는 무엇입니까?(10–14절)

* 안수(10절): 희생 제물로 바쳐질 수송아지의 머리에 안수하는 것은 사람과 제물을 동일시하여, 그 제물에게 사람의 죄를 전가시킨다는 의미를 지닌다.

❹ 제사장 임직식의 두 번째 제사인 번제의 의미는 무엇입니까?(15–18절)

❺ 제사장 임직식의 세 번째 제사에 대해서 설명해보십시오(19–28절).

* 요제(24절): 번제(燔祭)나 화목제(和睦祭) 또는 소제(素祭) 등과 같은 제사의 종류가 아니고, 화제(火祭)나 거제(擧祭), 전제(奠祭)와 같은 제사 방법이다.

❻ 아론의 성의와 위임식의 숫양은 어떻게 합니까?(29–34절)

❼ 위임식은 며칠 동안 어떤 식으로 진행되었습니까?(35–37절)

* 성경에서 '7'은 '거룩'과 '완전'을 상징한다. 따라서 제사장의 위임식 날 수를 7일로 정한 것은 이와 같은 거룩한 완전을 반영하는 것으로 볼 수 있다.

더 깊은 연구와 묵상을 위하여

제사장 임직식에는 성막과 성구와 제사장 모두가 기름 부음을 받아야 했다. 기름 부음은 제사장 임직 절차 중 가장 중요한 핵심 요소이다. 물로 씻음이 인성의 처리를 위한 과정이라면, 기름 부음은 신성의 주입을 위한 예표라 할 수 있다. 제사장 임직 시 성막은 물론 성막 안의 기구, 심지어 번제단과 물두멍까지 기름이 뿌려지고 칠해져야 한다. 그리고 마지막으로 아론의 머리에 기름을 부어 제사장으로 세우게 된다(레 8:10-12). 성막과 성직자는 둘이 아니요 사실은 하나다. 교회란 건물이나 사람이 아니며 제사장들의 집단이요 유기적인 공동체이다. 또한 거듭나고 중생한 하나님의 자녀들이 모인 공동체요 제사장의 모임이기 때문에, 항상 머리이신 그리스도의 몸인 교회와 지체인 성도로 존재하게 된다. 그러므로 "너희는 너희가 하나님의 성전인 것과 하나님의 성령이 너희 안에 계시는 것을 알지 못하느냐"(고전 3:16)라고 하신 것이다. 제사장의 머리에 붓는 관유는 몰약과 육계, 창포와 계피 그리고 감람유를 부어 만든 최고의 기름이요, 복합적인 기름이다(출 30:23-33). 관유는 그리스도의 신성과 인성 그리고 죽음과 부활을 통합한 하나님의 경륜을 거쳐 살리는 영(고전 15:45)이 되신 성령을 상징한다. 우리가 진정한 제사장의 사역을 감당하려면 우리의 영이 거듭나고 온전히 성결해져야 한다.

❶ 제사장 임직식의 순서를 차례대로 정리해보십시오.

❷ 제사장 임직의 기름 부음과 오늘날 성령의 기름 부음이 중요한 이유를 설명해보십시오.

적용을 위한 글

'위임하다, 맡긴다'는 것은 누구의 일인가? 이것은 하나님의 일이다. 거룩하게 하는 일, 이스라엘을 사하는 일, 이 모든 일들을 아론과 그의 후손들을 통해서 하려고 하신다는 것이다. 그래서 아론과 그의 후손을 세운다. 그리고 이들을 거룩하게 구별하시는 것이다. 그러니까 하나님이 하실 일을 대신할 자를 따로 구별하시는 것이다. 이 구별하는 예식, 즉 위임식을 하는 방법으로 제사를 택한 것이다. 인간을 용서하는 것은 누구의 일인가? 하나님의 일이다. 제사장이 직분을 열심히 감당하게 함으로 하나님이 인간들을 향해서 용서하고 싶으신 것이다. 하나님은 인간이 잘못할 수 있는 성질들을 잘 아신다. 하나님은 백성들이 거룩한 씨앗이 되기 전에 그들의 죄로 죽지 않기를 원하신다. 하나님은 그들을 용서하시고 그들을 바꾸셔서 그들을 거룩한 자로 만들기를 원하신다. 이 일을 책임질 자는 누구인가? 제사장이다. 이 일을 맡아줄 자가 제사장이고, 이 일은 하나님의 일이다. 죄 지은 백성들, 약한 백성들을 용서하고 싶어하시는 가운데, 그들이 용서의 길목으로 나오게 하시는 일이 아론의 일이 아니라 하나님의 일이라는 것이다. 그는 하나님의 일을 맡은 것이다. 그렇다면 우리는 제사장이라는 말 전에 어떤 단어에 좀 더 관심을 기울여야 하는가? 바로 '위임과 맡김'이라는 단어에 관심을 더 기울여야 한다.

—조병호, 「출애굽기 숲과 나무」

적용 및 결단을 위한 질문

❶ "너희는 택하신 족속이요 왕 같은 제사장들이요"(벧전 2:9)의 말씀을 통해서 볼 때 하나님이 우리에게 위임하여 맡기신 것은 무엇입니까?

❷ 지금 여러분에게 주신 하나님의 사명을 잘 감당하고 있는지 점검해보십시오.

15 매일 드릴 번제

| 본문 출애굽기 29:38-46

| 외울말씀 네가 제단 위에 드릴 것은 이러하니라 매일 일 년 된 어린 양 두 마리니 (38절)

도입을 위한 글

허드슨 테일러(J. Hudson Taylor)는 중국선교에 일생을 바친 영국선교사였다. 그는 사람들로부터 "당신은 어떻게 일생을 사역자로 보낼 수 있었습니까? 그리고 행복의 비결은 무엇입니까?"라는 질문을 받을 때마다 이렇게 대답했다고 한다. "제 헌신과 행복의 비결은 하루를 어떻게 시작하느냐에 달려있습니다. 연주자는 음악회가 시작되기 전 악기를 조율합니다. 음악회가 끝난 뒤 조율한다면 어리석은 사람이겠지요. 저는 아침에 일어나면 하나님의 뜻과 맞추는 일부터 합니다. 그러면 인생이 보람있지요." 새벽기도는 하나님의 뜻과 사람의 뜻을 일치시키는 참으로 중요한 시간이다. "기도 때문에 치러야 할 불편을 생각하지 마라. 하나님은 당신을 기도하게 하기 위해 모든 것을 희생하셨다." 영국의 복음주의 순회선교사 오스왈드 챔버스(Oswald Chambers)의 말이다. 새벽에 일어나 기도한다는 것은 쉬운 일이 아니다. 어느 교회든지 새벽예배는 주일예배보다 출석인원이 적기 마련이다. 성도는 결코 주일 아침에만 성도인 것은 아닌데 많은 성도들이 주일 아침에만 성도로 살고 있는 것이다. 새벽기도는 하나님의 얼굴을 뵙기 전에 이 땅의 것들을 보지 않겠다는 결단이요, 매일 아침 하나님의 제단에 자신의 음성과 마음의 첫 열매를 바치겠다는 헌신이다. 새벽기도는 단순한 기도이기 이전에 하나님과 더불어 하루를 시작하여 그 하루를 은혜의 날로 만들려는 거룩한 시도인 것이다. 세상이 다 잠든 새벽에 조용히 일어나 하나님을 만나기를 소망한다. 새벽은 기도하고자 하는 성도의 마지막 보루이기 때문이다.

도입을 위한 질문

❶ 여러분에게 새벽예배는 어떤 의미입니까?

❷ 매일 주님을 만나는 시간이 왜 중요한지 나눠보십시오.

본문 질문

❶ 매일 드릴 번제(상번제)의 제물과 방법은 무엇인지 적어보십시오(38-39절).

* 매일(38절): 원어로는 '라욤 타미드'라고 하며, 직역하면 '매일, 계속적으로'라는 뜻으로 7일간의 제사장 위임식 기간 동안 매일 드려야 하는 상번제(常燔祭)를 가리키는 말이다.

❷ 상번제의 제물은 어떻게 손질해야 합니까?(40-41절)

❸ 상번제를 통해서 하나님이 원하시는 것은 무엇입니까?(42-43절)

* 내가 거기서…만나리니…거룩하게 될지라(43절): 하나님께서 지성소 안의 속죄소 위에서 제사장을 통해 이스라엘 백성들을 만나시고 이로 인해 회막이 거룩한 장소가 될 것이란 의미이다.

❹ 회막이 어떻게 거룩해질 수 있다고 하나님이 말씀하셨습니까?(43절)

❺ 아론과 그의 아들들이 제사장 직분을 행할 수 있도록 하나님이 취하신 조치는 무엇입니까?(44절)

❻ 이스라엘 백성들에게 여호와 하나님은 어떤 분이십니까?(45-46절)

* 이스라엘 자손 중에(45절): 원어로는 '베토크 베네 이스라엘'이라고 읽는다. 여기서 '중에'라고 번역된 '베토크'는 '중앙에, 가운데'라는 뜻이다. 이는 하나님께서 이스라엘의 가장 중심이 되는 부분에 거하시겠다는 뜻이다.

더 깊은 연구와 묵상을 위하여

상번제(常燔祭)는 말 그대로 항상 매일 드리는 번제(태워 드리는)를 의미하며, 성막뜰에 있는 번제단에서 수행된다. 번제단은 아카시아 나무 조각목으로 만들어졌으며 놋판으로 둘러싼 것으로 놋판은 광야에서 높이 들려진 놋뱀처럼 예수님의 '구속'을 의미하고, 아카시아 나무 조각목은 지난 글들에서 언급한 바와 같이 하나님이 필요한 '인간의 연약성과 제한성'을 말해준다. 이것은 타락한 죄인인 인간이 말씀을 받고 광야 성막으로 초대되어 먼저 성막뜰에서 영적으로 회복되는 사역인 번제를 드리고 분명한 구원부터 받아야 함을 의미한다. 이를 통해 하나님의 소유, 거룩한 나라, 제사장 나라(출 19장)의 백성이 될 수 있는 가장 기본적이지만 중요한 영적 조건을 갖추게 되는 셈이다. 이것은 이스라엘 백성에 대한 하나님의 명령이며 선택이 아닌, 기본적으로 아주 중요한 의무이다. 방법은 성별된 제사장들이 매일 이스라엘을 위해 아침저녁으로 한 번씩 일 년 된 어린 수양을 번제물로 드리면 된다. 일 년 된 어린 수양은 흠 없고 정결한 희생 제물을 의미한다. 여기서 양은 죄인 구속을 위해 죄 없으나 고난을 받으시고 십자가에 돌아가실 예수님을 상징한다.

❶ 광야의 불편하고 분주한 일상 속에서 왜 하나님은 상번제를 요구하셨습니까?

❷ 상번제 속에 담겨 있는 예수 그리스도에 대해 설명해보십시오.

적용을 위한 글

하나님과 인간의 만남은 그냥 이루어지는 것이 아니라 제사를 통해서 이루어진다. 이것은 하나님이 자신의 거룩을 포기하지 않는 상황 안에서 죄인을 구원하기 위함이다. 만약 인간이 하나님의 거룩한 속성을 염두에 두지 않고 그냥 만나기를 원한다면 그 사람은 아직 구원받지 못한 사람이다. 그저 자신의 구원에만 혈안이 되어있고 하나님의 거룩하심은 안중에도 없기 때문이다. 하나님은 자신의 거룩을 양보하지도 않으면서 구원은 구원대로 성사시키신다. 원래 인간은 그 자체에서 악이 발생되기 때문에 거룩을 만나면 죽을 수밖에 없다. 따라서 인간은 거룩한 하나님을 만날 수가 없다. 거룩은 거룩대로 만족시키면서 구원이 구원대로 이루어진다는 것은 인간의 아이디어에서 도저히 나올 수 없는 묘수이다. 어떻게 그것이 가능한가? '거룩 만들기'가 성사되기 위해서는 거룩한 존재가 인간의 더러움을 대신하는 일을 해야 한다. 그것이 바로 '제사'이다. 제사 안에서 인간은 구원되고 하나님은 하나님대로 거룩을 만족한다. 거룩 중에서도 '항상 드리는 거룩'이다. 항상이란 중지됨이 없이 매일 계속 드려지는 것을 말한다. 그러니까 한 순간의 틈도 거룩이 누락되는 일이 없게 하시겠다는 뜻이다. 만약 오늘날 교회가 하루도 쉬지 않고 예배를 드린다면 성도들은 심한 압박감을 느끼게 될 것이다. 그러나 하나님은 단 하루도 빠지지 않고 거룩되게 하시겠다고 한다. 이것은 우리 인간들의 능력의 한계를 고려해서 그들의 능력이 되는 범위 안에서 구원하겠다는 뜻이 아니라는 말이다. 하나님의 거룩을 절대화하겠다는 취지이다. 절대로 거룩하심을 포기할 마음이 없다는 것이다. ―십자가 마을, 「출애굽기 성경강해」

적용 및 결단을 위한 질문

❶ 거룩한 삶을 위해서 무엇을 버려야 하고, 무엇을 취해야 하는지 살펴보십시오.

❷ 매일 가정예배 또는 새벽예배를 드리고 있습니까? 반드시 매일 하나님께 예배를 드리는 시간을 가지도록 하십시오.

16 제단과 속전

본문 출애굽기 30:1-16

외울말씀 네가 이스라엘 자손의 수효를 조사할 때에 조사 받은 각 사람은 그들을 계수할 때에 자기의 생명의 속전을 여호와께 드릴지니 이는 그것을 계수할 때에 그들 중에 질병이 없게 하려 함이라 (12절)

도입을 위한 글

문화를 논하는 사람들 중에 '여인의 향기'라는 표현을 심심치 않게 만나곤 한다. 대개 시각보다는 후각으로 보다 깊은 느낌을 받기 때문에 외적인 아름다움을 깊이 있게 묘사하기 위해서 사용한 표현일 것이다. 여인은 10대 때가 가장 아름답다. 그래서 10대는 있는 그대로 그 아름다움을 느낄 수 있다. 20대로 가면 아름다움이 지기 시작하기 때문에 화장을 한다. 30대는 더 지기 때문에 화려한 의상이나 액세서리로 포장을 한다. 40대는 여기 저기 주름이 생기고 살이 처지기 시작하기 때문에 뱃살과 주름이 잘 가려지도록 위장을 한다. 50대는 그래도 안 되니까 이마를 당기고 주름을 없애는 등 변장을 한다. 60대는 마지막으로 알록달록한 옷도 입고 청바지에 스커트도 입어보는 등 과장을 한다. 그리고 70대 이상은 더 이상 어떻게 할 수 없기 때문에 자기를 숨기게 된다. 사람에게서 풍겨나오는 향기는 보는 관점에 따라 두 종류가 있다고 할 수 있다. 하나는 외적인 아름다움에서 맡을 수 있는 향기이고, 다른 하나는 내면의 성숙함에서 우러나오는 향기다. 그렇다면, 하나님을 믿는 우리는 어떤 향기를 내고 있을까?

도입을 위한 질문

❶ 하나님을 믿는 여러분은 어떤 향기를 내고 있습니까?

❷ 그리스도의 향기가 강하게 풍기는 사람이 주변에 있습니까? 그 사람에 대해 나눠보십시오.

본문 질문

❶ 분향할 제단을 만든 재료와 규격은 어떻게 됩니까?(1–4절)

* 분향할 제단(1절): 원어로 '미즈베아흐 미크타르 케토레트'라고 하며, 직역하면 '향(케토레트)을 태우는 곳(미크타르)인 단(미즈베아흐)'이다. 분향단은 향을 사르기 때문에 일명 '향단'(10절)으로 불리기도 하고, 금으로 만들어져 '금 제단'(출 39:38)이라고도 불린다.

❷ 채를 만드는 재료와 용도는 어떻게 됩니까?(4–5절)

* 금 고리 둘(4절): 법궤와 번제단의 고리는 4개인데 비해 분향단의 고리는 2개였다. 이것은 분향단의 크기가 작았으므로 2개의 고리로도 충분히 이동할 수 있기 때문이었다.

❸ 분향할 제단은 어디에 위치했습니까?(6절)

❹ 제단의 향과 등불을 누가 어떻게 관리했습니까?(7–8절)

* 등불을 손질할 때(7절): 여기서 '정리하다'로 번역된 '야타브'는 '좋게 만들다, 잘되게 하다, 단장하다'는 뜻이 있으며 '기쁘게 하다'는 의미도 있다.

❺ 제단에 관한 금지 및 주의 사항은 무엇입니까?(9–10절)

* 다른 향(9절): 원어로 '케토레트 자라'라고 하며, '자라'는 '주르'의 분사형으로 원래는 '곁길로 들다'는 뜻이다. 따라서 여기에서 '이상한, 이방인의'라는 의미가 파생했다.

❻ 생명의 속전은 어떤 식으로 드렸습니까?(11–14절)

* '속전'에 해당하는 '코페르'는 '덮개'란 뜻이다. '생명의 속전'이란 죽을 수밖에 없는 죄인의 피를 덮어 죄 없는 것으로 인정해주신 하나님의 은혜에 감사하는 마음으로 드리는 일종의 배상금이다.

❼ 생명의 속전을 드릴 때 동일한 액수를 요구하신 이유는 무엇입니까?(15–16절)

더 깊은 연구와 묵상을 위하여

생일은 매우 소중한 날이다. 생일에 사람들은 우리가 태어난 것을 축하해준다. 사람들은 생일날 "네가 살아있는 것을 감사해" 하고 말한다. 생일 선물을 주는 것은 우리의 가족과 친구들이 우리에게, 우리가 그들 인생의 한 부분이라는 사실을 기뻐한다고 표현하는 것이다. 흔히 어린아이들은 몇 달 전부터 생일을 기다린다. 어린아이들에게 생일은 아주 중요한 날이다. 그날만은 자신이 주인공이고, 많은 친구들이 생일을 축하하러 찾아오기 때문이다. 우리는 자신의 생일과 가까운 사람들의 생일을 잊어서는 안 된다. 생일은 우리들을 어린아이처럼 만드는 것 같다. 그러나 생일은 우리에게 중요한 것이 우리가 하는 일이나 이루어낸 일이나 우리가 소유하고 있는 것, 혹은 우리가 아는 사람들이 아님을 깨닫게 한다. 대신 우리에게 정말 중요한 것은 우리가 지금 바로 이 자리에 존재하고 있다는 사실임을 깨닫게 한다. 생일, 우리가 받는 생명의 선물에 대하여 감사하자. —헨리 나우웬, 「영혼의 양식」

❶ 분향단의 규례가 복잡한 이유는 무엇입니까?

❷ 생명의 속전이 주는 영적 의미를 찾아 나눠보십시오.

적용을 위한 글

예수 그리스도는 하늘에 계신 아버지로부터 생명을 버리라는 명령을 받고 이 땅에 오셨다. 그분은 전 생애에 걸쳐 이 한 가지 생각을 품고 사셨다. 그러나 겟세마네 동산에서 그리스도는 죽음을 받아들이기 위해 큰 번민을 하셨다. 하나님의 생명은 오직 죽음 속에서만 나오며, 이루다 형용할 수 없는 복이 이 죽음 속에 숨어있었다. 수백 년 된 떡갈나무를 한번 생각해보자. 그 나무는 어디에서 생겼는가? 무덤에서 생겼다. 땅에 심은 도토리는 죽어서 떡갈나무를 위해 무덤을 만들었다. 도토리는 죽고 사라졌지만 나무는 도토리가 죽어서 만든 바로 그 무덤 위에 내내 서 있다. 비록 자그마한 도토리가 죽어 만든 무덤 자리에 그냥 서 있는 것이지만, 이 나무는 더 높이, 더 튼튼하게, 더 크게, 그리고 더 아름답게 자라왔다. 오직 이 나무의 뿌리를 지탱해주었던 것은 바로 그 무덤이었다. 그리스도의 모든 것도 다 그분의 죽음과 무덤 덕분이다. 그리고 우리의 생명도 예수님의 무덤 덕분에 존재한다. 그러므로 우리는 매일 예수님의 죽음에 뿌리를 내리며 살아야 한다. 두려워하지 말고 오직 이렇게 말하자. "내 자신의 의지와 지혜와 능력에 대해서 나는 죽을 것이다. 왜냐하면 바로 내 주님의 무덤 안에서 그분의 생명이 시작되었고 그것의 힘과 영광이 나타났기 때문이다."

–앤드류 머레이, 「나를 허물고 주님을 세우는 삶」

적용 및 결단을 위한 질문

❶ 생명의 향기를 내기 위해서 필요한 것은 예수 그리스도입니다. 예수 그리스도를 마음에 품고 사는 삶을 위해서 여러분은 무엇을 해야 합니까?

❷ 여러분을 대신하여 제물과 생명의 속전이 되신 그리스도를 따르는 삶을 실천하십시오.

17 물두멍, 관유, 향

본문 출애굽기 30:17-38

외울말씀 네가 여호와를 위하여 만들 향은 거룩한 것이니 너희를 위하여는 그 방법대로 만들지 말라 (37절)

도입을 위한 글

제단에서 죄를 씻고 의롭게 된 성도는 지성소를 향하여 걸음을 내딛게 된다. 그런데 제단을 거쳐서 지성소를 향해 들어가는 한가운데 물두멍이 놓여 있다. 제사장들이 제단에 와서 하나님을 섬길 때에 이 물두멍에서 손과 발을 씻어야만 죽음을 면할 수 있었다. 물두멍은 손과 발을 씻는 곳이지 목욕하는 곳은 아니다. 많은 사람들은 신앙생활을 하면서 죄를 짓지 않으려고 애를 쓰지만 그렇게 한다고 해서 죄를 적게 짓는 것은 아니다. 왜냐하면 죄가 인간보다 힘이 세기 때문에, 우리가 아무리 노력하고 강한 결심을 해도 죄가 우리를 끌고 다니면 꼼짝없이 따를 수밖에 없다. 그러므로 죄를 범하지 않으려면, 예수 그리스도께 가까이 가고 그분과 함께해야 한다. 예수 그리스도는 죄뿐만 아니라 사탄의 시험도 이기셨고 죽음조차 이기셨다. 그래서 우리가 죄를 이기고 죄를 범하지 않으려면, 바로 예수 그리스도와 우리 사이에 아무 장벽이 없어야 한다. 예수 그리스도와 우리 사이에 깨끗하고 거룩한 관계가 이루어지면 예수 그리스도를 힘입어서 죄를 이길 수 있다. 우리가 죄를 범했을 때에는 우리 자신이 그 죄를 처리해야 하는 것이 아니라, 대언자이신 예수 그리스도 앞에 나아가야 한다. —주은혜로교회

도입을 위한 질문

❶ 구별과 거룩의 차이점은 무엇입니까?

❷ 거룩한 삶이 우리에게 필요한 이유는 무엇입니까?

본문 질문

❶ 물두멍은 무엇으로 만들었으며, 어디에 두었습니까?(17-18절)

* 물두멍(18절): 모양이나 제조 방법 등에 대해서는 성경상의 언급이 없으나 원어 '키요르'는 '둥근, 도려낸, 솥' 등의 뜻이므로 둥글게 생긴 큰 대야나 욕조 형태였을 것으로 추정된다.

❷ 물두멍의 역할은 무엇이었습니까?(19-21절)

❸ 거룩한 관유는 어떻게 만들었습니까?(22-25절)

* 상등 향품(23절): '상등'에 해당하는 원어 '로쉬'는 '머리, 최고' 등의 뜻을 갖고 있다.

❹ 거룩한 관유는 어떤 용도로 사용되었습니까?(26-29절)

* 상과 그 모든 기구(27절): '상'은 떡상(진설병 상)을 가리키며, '그 모든 기구'는 이에 부속된 기구로 대접과 숟가락, 병과 붓는 잔 등을 가리킨다.

❺ 관유를 사용할 때 주의사항은 무엇입니까?(30-33절)

* 붓는(33절): 원어로는 '이텐 밈멘누'라고 하며, '그로부터 주는'이란 뜻을 가지고 있다. 즉 개역 성경처럼 '붓는다'는 의미가 아니라 타인에게 '주는 것'을 뜻한다.

❻ 향의 제작과정을 정리해보십시오(34-35절).

* 향은 일상생활에서 잔치나 연회, 그리고 장례식 때에 사용되는 외에도 특히 화장이나 미용의 용도로도 애용했다.

❼ 향은 무엇을 위해서 만들어져야 했습니까?(36-38절)

* 맡으려고(38절): '냄새맡다'는 뜻의 '루아흐'의 부정사 형태로 '숨쉬다, 불다' 특히 '즐기다'라는 뜻이 포함되어 있다. 그러므로 여기서는 '맡으려고' 보다는 '즐기려고'로 번역함이 더 좋다.

더 깊은 연구와 묵상을 위하여

성경에서 '4'라는 숫자는 하나님의 창조를 의미한다. 우리에게는 네 생물과 땅의 네 모퉁이가 있다. 게다가 네 가지 향품들 자체가 하나님의 창조의 성분들이다. 이 향품들은 주 예수님의 인성을 의미한다. 주 예수님은 성육신 안에서 하나님이시며 동시에 사람이셨다. 네 가지 향품들은 하나님의 창조 안에서의 주 예수님의 인성을 의미한다. 물론 어떤 그리스도인들은 주 예수님의 경우에 창조라는 말을 듣는 것을 좋아하지 않는다. 이것은 그리스도는 단지 피조물일 뿐이며 영원하신 하나님이 아니었다고 가르쳤던 아리우스의 이단적인 가르침 때문이다. 기름은 신격 안의 신성을 의미한다. 우리는 '4'라는 숫자가 창조물을 의미함을 보았다. '1'이라는 숫자는 하나님, 유일하신 창조주를 의미한다. 이 복합적인 관유에서 우리는 '4'와 '1'이라는 숫자, 즉 '1'이라는 숫자에 '4'가 배합되어 있는 것을 본다. 복합적인 관유에 관해서, 우리는 '섞여진'이라는 단어를 사용하지 않을 수 없다. '복합적인'과 '배합된'은 사실상 섞인 것을 의미한다. 네 가지 향품은 기름과 함께 섞였다. 기름에 향품들을 섞는 것은 소제의 기름에 고운 밀가루를 섞은 것에 비유할 수 있다(레 2장). 소제를 위한 밀가루 반죽은 기름에 고운 밀가루를 섞은 것이다. 이것은 또 그리스도의 한 위격 안에서 우리가 신성과 인성을 다 갖는 것을 의미한다.

–하늘사랑, 「출애굽기 연구」

❶ 관유와 향을 만드는 4가지 재료에 대해서 연구해보십시오.

❷ 관유와 성령의 기름 부으심과의 관계에 대해서 설명해보십시오.

적용을 위한 글

하나님의 것, 하나님을 위해 사용될 것들은 구별되고 성결해야 한다. 왜냐하면 하나님께서는 거룩하시기 때문이다. 우선, 거룩한 관유로 구별해야 한다. 관유는 여러 가지 향품과 올리브 기름을 섞어서 만든 기름으로 최상의 향품이었다. 하나님께서는 성막의 모든 기구와 대제사장 및 제사장에게 이르기까지 성막과 연관된 모든 것들에 이 기름을 바르게 하셨다. 그렇게 함으로써 하나님의 사역에 사용되는 모든 것들은 거룩함 안에 머물러야 한다는 사실을 인식시키고, 구별시키셨다. 관유는 하나님의 백성들이 그의 사역을 할 수 있도록 세상으로부터 성별시키는 '성령의 사역'을 상징한다. 이는 세상과 분리되는 것이 아니라 세상 가운데에서도 하나님의 진리를 가지고 살아감을 의미한다. 거룩함은 고리타분함이나 어깨에 힘을 주는 외식이 아닌 그 자체가 가장 향기롭고 아름다운 것이다. 두 번째로 거룩한 향으로 성결하게 해야 한다. 이어지는 향에 관한 규례 또한 그 향기에 넋을 잃을 듯하다. 향은 소합향, 나감향, 풍자향을 동일한 양을 섞어 만들었는데, 하나님께서 지시하신 제조 방법과 사용 용도를 지켜야 했다. 소금은 부패를 방지하고, 뻣뻣한 식물을 부드럽고 연하게 하는 특성이 있다. 그러므로 향 제조에 소금이 사용된 것은 향기로운 향을 그대로 보존함은 물론 향 제조를 쉽게 하기 위해서였다. 나아가 소금을 친다는 것은 하나님과 이스라엘 백성 사이의 언약의 불변성을 상징한다. 분향단의 향이 기도를 의미한다는 점을 전제로 한 향에 대한 해석도 있다. 소합향은 향나무에서 저절로 나오는 향으로서 우리 안에서 자발적으로 찬양, 감사, 기도, 기쁨이 드려져야 함을 의미한다. 나감향은 조개껍질을 가루로 만들어 태우는 것으로 자아가 부서지고 깨어져야 함을 의미한다. 풍자향은 소독제로 쓰이는데 우리 영에 묻은 독소를 제거하는 의미로 해석한다. 이러한 것들로 인해 우리의 기도가 하나님께 드려질 때 더욱 향기로워지는 것이다.

적용 및 결단을 위한 질문

❶ 물두멍, 관유, 향이 여러분의 삶에 주는 구체적인 영향력에 대해서 각각 적용해보십시오.

❷ 성소의 기구제작을 위해 구체적으로 알려주신 하나님을 지금 우리의 삶을 향해서도 구체적으로 말씀하십니다. 성결한 삶을 위해서 들어야 할 주님의 음성이 무엇입니까?

18 브살렐과 오홀리압

본문 출애굽기 31:1-18

외울말씀 하나님의 영을 그에게 충만하게 하여 지혜와 총명과 지식과 여러 가지 재주로 정교한 일을 연구하여 금과 은과 놋으로 만들게 하며 (3-4절)

도입을 위한 글

베르톨도 지오바니는 예술을 뜨겁게 사랑한 사람이었다. 그는 당대 최고의 조각가였던 도나텔로의 제자였고, 뛰어난 천재 미켈란젤로를 가르치고 있었다. 미켈란젤로가 베르톨도를 찾아온 것은 열네 살 때였다. 메디치 가문의 고미술품 관리자이자 조각가였던 베르톨도는 미켈란젤로를 처음 만나는 순간 그의 재능을 단번에 알아보았다. 재능있는 사람들이 노력하지 않고 세월을 허송하다가 생을 마감하는 것을 많이 본 베르톨도는 어린 천재 미켈란젤로가 진지한 예술가가 되도록 엄격하게 대했다. 그러나 미켈란젤로는 이미 열세 살 때 피렌체의 화가 기를란다요로부터 1년간 그림을 배운 상태였다. 그러한 그는 나이를 뛰어넘기에 어느 정도 무리가 있었다. 어느 날, 베르톨도가 작업장에 들어섰다. 미켈란젤로는 자신의 재능과 전혀 상관이 없어 보이는 조각을 만지고 있었다. 그러자 베르톨도는 망치를 집어 들고 미켈란젤로가 만지고 있던 조각품을 내리치면서 소리쳤다. "미켈란젤로, 재능은 쓸모없다. 노력이 중요하다!" 그제야 스승의 의도를 알아차린 어린 미켈란젤로는 자신의 재능을 부지런히 갈고 닦았다. 그리고 나중에는 건축, 조각, 그림의 각 분야에서 르네상스 예술을 대표하는 대가가 되었다. -「기독정보넷」

도입을 위한 질문

❶ 맡겨진 일을 감당하기 위해서 재능과 노력 중 어느 것이 더 중요합니까?

❷ 여러분에게는 어떤 재능이 있습니까?

본문 질문

❶ 브살렐과 오홀리압이 누구인지 간단하게 설명해보십시오(2, 6절).

* 훌(2절): 아말렉 전투 시 아론과 함께 모세의 팔을 들어 올린 자이다(출 17:10, 24:14).
* 브살렐(2절): '하나님의 보호 아래 있는 자'란 뜻이며 훌의 손자이다.
* 오홀리압(6절): '아버지는 나의 장막'이란 뜻이다.

❷ 브살렐과 오홀리압에게 하나님이 주신 것은 무엇입니까?(3, 6절)

* 지혜와 총명과 지식과 여러 가지 재주(3절): 성막 건축과 기구 제작에 필요한 모든 능력을 총괄한 표현이다.

❸ 브살렐이 하나님의 명을 받아 행한 일을 구체적으로 설명해보십시오(4-5절).

* 정교한 일을 연구하여(4절): '연구하다'에 해당하는 히브리어 '화솨브'는 '생각해내다, 고안하다, 계산하다'라는 뜻이다.

❹ 지혜로운 마음이 있는 모든 사람은 성막의 어떤 부분을 만들었습니까?(6-11절)

* 지혜로운 마음이 있는 자(6절): '숙련된 기술이 있는 자'로도 번역될 수 있다. 이들은 브사렐과 오홀리압 밑에서 그들을 도와 성막 건축과 기구 제작 사역을 담당했다.

❺ 이스라엘 자손에게 안식일은 어떤 의미입니까?(12절)

❻ 이스라엘 백성들이 안식을 지켜야만 하는 이유는 무엇입니까?(13-17절)

* 큰 안식일(15절): (솨바트 솨바톤)/직역하면 '안식의 안식일', 즉 '쉬는 안식일'이란 뜻이다.

❼ 하나님이 시내 산에서 모세에게 주신 것은 무엇입니까?(18절)

더 깊은 연구와 묵상을 위하여

어느 행복한 그리스도인이 어느 날 아침 하나님의 전을 향해 기쁘게 걸어가고 있었다. 그는 다른 사람들이 '기행(奇行)'이라고 부르는 일들을 하는 경향이 있는 유별난 사람이었다. 그러나 그의 사려 깊은 행동은 종종 매우 유익하다는 것이 입증되었다. 그가 성전을 향해 기쁜 마음으로 걸어가고 있을 때 그는 무거운 짐을 실은 마차를 몰고 마을로 가는 한 사람을 만났다. 그는 그 마차를 보자마자 갑자기 걸음을 멈추고 주위를 돌아보았다. 그리고는 그 마차의 밑을 보며 두 손을 들고 소리쳤다. "세상에! 당신은 아이를 쳤소." 마부는 놀라서 그의 말들을 멈추게 한 후 창백한 얼굴로 마차 밑을 살펴보았다. 그는 바퀴 밑에 어린아이가 깔려 죽어있을 것이라고 생각했다. 그러나 아무 것도 보이지 않았다. 마부는 당황하면서 자신을 놀래킨 그 사람을 쳐다보고 근심스럽게 물었다. "내가 무엇을 쳤단 말이오?" "하나님의 열 명의 자식 중에서 넷째 아이를 쳤소!" 바로 그는 "안식일을 기억하여 거룩하게 지키라"는 네 번째 계명을 범했던 것이다. '먼지와 같은 우리들과 교제하기 위해, 우리의 생각을 높여주고, 우리의 능력을 순화시켜 주기 위해 하나님에 의해 정해진 기간들, 6일 동안의 소나기가 내린 후에 비치는 영광의 빛'인 그날을 범한 것이다.

—바톤, 「소중한 안식일」

❶ 안식일의 의의에 대해서 연구해보십시오.

❷ 안식일과 주일의 공통점과 차이점을 설명해보십시오.

적용을 위한 글

하나님은 브살렐과 오홀리압을 지명하여 부르셨고 특별히 성막을 짓는 일을 맡기셨다. 오늘날도 역시 하나님은 우리를 불러 하나님의 일꾼으로 세우신다. 그러므로 모든 성도는 하나님의 일꾼으로 부름을 받았으며, 우리는 이것을 소명의식이라고 말한다. 성도에게는 소명의식이 있어야 한다. 여러분은 모두 하나님께서 지하여 부르신 하나님의 일꾼들이며 특별히 선택받은 사람들이다. 하나님의 부르심은 특별한 사람들에게만 적용되는 것이 아니다. 어떤 성도는무지하고 가진 것이 없어서 교회에서 일을 감당할 수 없다고 말하기도 한다. 그러나 그것은 인간적인 생각과 판단에 의한 것이지 신앙적인 관점에서 자신을 바라본 것이 아니다. 하나님은 여러분이 필요하시기 때문에 구원하시고 하나님의 일꾼으로 부르신 것이다. 하나님은 지극히 약한 자를 통해서 강한 자를 부끄럽게 하시는 분이다. 중요한 것은 하나님이 나를 지명하셨고 부르셨다는 소명의식을 가지고 하나님이 나에게 주신 사명을 찾아 열심히 충성하리라는 마음을 굳게 갖는 것이다. 또한 성도로서 하나님의 일꾼이라는 자긍심을 가져야 한다. 그리고 맡은 자에게 구할 것은 충성이라는 말씀처럼 최선을 다해 열심히 일해야 한다.

—주인규, 「일용할 양식」

적용 및 결단을 위한 질문

❶ 주일에 하나님을 위해서 어떤 봉사를 하고 있습니까? 진심으로 하고 있습니까?

❷ 하나님이 여러분에게 주신 은사는 복음을 위해 주신 것입니다. 절대로 우리 자신의 성공을 위한 도구로 사용해서는 안 됩니다. 주님을 위해 여러분의 전부를 드릴 것을 다짐하고 실천하십시오.

19 금송아지

본문 출애굽기 32:1–35

외울말씀 아론이 그들의 손에서 금 고리를 받아 부어서 조각칼로 새겨 송아지 형상을 만드니 그들이 말하되 이스라엘아 이는 너희를 애굽 땅에서 인도하여 낸 너희의 신이로다 하는지라 (4절)

도입을 위한 글

십계명은 "너를 위하여 새긴 우상을 만들지 말고 또 위로 하늘에 있는 것이나 아래로 땅에 있는 것이나 땅 아래 물 속에 있는 것의 어떤 형상도 만들지 말며 그것들에게 절하지 말며 그것들을 섬기지 말라"고 명한다(출 20:4–5). 우상 숭배가 잘못된 이유는 첫째, 우상 숭배는 하나님에 대해 근본적으로 잘못 이해하고 있기 때문이다. 하나님은 영이시다. 물질적인 모양으로 하나님을 드러내려는 모든 시도는 하나님의 본성을 왜곡하는 것이다. 둘째, 우상 숭배는 인간의 오만을 드러내고 있기 때문이다. 우상 숭배는 하나님의 계시보다는 인간의 종교성에 의존하고 있다. 하나님을 예비해야 할 사람이 판단의 주체적 기준이 되고 신들이 인간의 이미지로 만들어지고 있다. 우상 숭배는 하나님을 인류를 창조하신 분으로 인정하는 것이 아니라 형상화시킨 숭배 대상을 만들어내는 오만한 행위인 것이다. 셋째, 우상 숭배는 사람을 부도덕으로 인도하기 때문이다(호 9:10). 고대 종교들은 자연의 순환에 따라 남신과 여신들이 출산을 조정하는 것으로 생각했기 때문에 대부분의 의식은 신과 성적으로 접촉하는 내용을 포함했다. 우상 숭배자는 참된 하나님에 대한 지식을 버렸고(롬 1:18–23) 그것은 역으로 자신의 도덕적인 본성을 상실하게 했으며 또한 인간의 악한 욕망을 드러내는 '부도덕'으로 인도했다. 넷째, 우상 숭배는 귀신과의 접촉점을 제공하고 있기 때문이다. 우상 자체는 아무것도 아니다. 그러나 우상을 매개로 귀신이 역사할 수 있는 것이다. 우상을 통해 연결된 어떤 초자연적인 능력도 본래는 마귀적이다.

도입을 위한 질문

❶ 우리 주변에서 흔히 볼 수 있는 우상들은 무엇입니까?

❷ 우상을 어떻게 정의할 수 있습니까? 각자 우상이 무엇인지 정의해보십시오.

본문 질문

❶ 모세가 시내 산에서 내려오지 않자 이스라엘 백성들이 아론에게 요구한 것은 무엇입니까?(1절)

* 더딤(1절): 원어로 '보쉐쉬'는 '지연되다, 연기하다'는 뜻의 동사다. 이는 '창백하다, 부끄러워하다, 실망하다, 당황하다'란 뜻의 '보쉬'에서 유래했다.

❷ 이스라엘 백성들에 대해 아론이 취한 조치는 무엇이었습니까?(2–6절)

* 송아지 형상(4절): 애굽에서는 황소 형상의 아피스(Apis)를 비롯하여 인간의 모습을 가진 프타(Ptah)와 오시리스(Osiris), 악어의 머리 형상을 가진 소보크(Sobok), 매의 머리를 가진 호루스(Horus)와 라(Rah) 및 수양의 머리 모습을 한 아문(Amun) 등을 주요 신으로 섬겼다. 이외에도 태양과 나일 강 등 자연도 숭배했다. 여기서 이스라엘 벡성들이 만든 송아지 형상은 애굽의 우상 아피스(Apis)를 본뜬 것이다.

❸ 하나님이 시내 산에 있는 모세에게 전한 말씀은 무엇입니까?(7-10절)

* 예배하며(8절): 원어로는 '솨하'라고 하며, '(공경의 표시로)엎드리다, 절하다'는 뜻이다. 특히 몸이 땅에 닿도록 엎드리는 행위를 가리킨다.

❹ 하나님의 진노에 대한 모세의 중보는 무엇이었으며, 결과는 어떠했습니까?(11-14절)

❺ 모세가 가지고 내려온 증거판에 대해서 설명해보십시오(15-16절).

❻ 우상을 섬기며 춤추던 이스라엘 백성들을 본 모세는 그들을 어떻게 다스렸습니까?(17-32절)

* 싸우는 소리(17절): 원어로는 '콜 밀레하마'이며, '전쟁(밀레하마)의 소리(콜)'라는 의미이다. 여호수아는 모세가 돌아올 때까지 진에 내려가지 않고 산에 머물고 있었기 때문에 백성들의 떠드는 소리를 듣고 전쟁이 난 줄로 생각했다.

❼ 모세의 조치에 대한 하나님의 약속은 무엇입니까?(33-35절)

* 내가 네게 말한 곳(34절): 이곳은 호렙 산에서 모세를 소명할 때 계시하셨던 젖과 꿀이 흐르는 가나안 땅을 말한다.

더 깊은 연구와 묵상을 위하여

우상 숭배는 교묘한 방법으로 서서히 들어오기 때문에 성령께서 우리에게 밝히 보여주기 전까지는 잘 보이지 않는다. 성경 교사였던 한 자매가 나에게 해준 이야기가 있다. 어느 날 그녀가 바느질 방에 있었을 때 갑자기 불이 나갔다고 한다. 그래서 그 자매가 왜 이런 일이 일어났는지 주님께 여쭤보았다고 한다. 그때 하나님께서는 그 자매가 먼저 하나님을 구하기 전에 취미로 바느질에 열중했다는 사실을 깨닫게 해주셨다. 이 자매는 생활하는 가운데 하나님을 우선순위로 두지 않았던 것이다. 자매는 회개했고, 그로 말미암아 하나님의 용서와 자비를 얻게 되었으며 더 큰 지혜를 얻게 되었다고 한다. 언젠가 선교 동역자인 한 친구가 해준 이야기도 내게 큰 인상을 주었다. 어느 날 그 친구는 자기에게 우상 숭배하는 것이 있는지 살펴보기 위해 성경을 공부하던 중, 그만 잉크가 쏟아져서 펼쳐놓은 성경 안쪽을 완전히 버리게 되었다. 성령께서 그 친구에게 하나님보다도 성경공부를 사랑하는 마음이 더 컸다는 것을 잉크로 알려주셨던 것이다. 우리가 마음속에 품었던 우상이 있다고 한다면, 하나님 앞에서 그 우상이 어떤 것인지 고하자. 그후, 생각과 마음과 생활을 바꿈으로써 회개한다면 하나님께서 역사하셔서 우리를 해방시켜 주실 것이다. 하나님은 바로 우리의 구원자가 되시기 때문이다.

❶ 아론의 입장에서 우상을 만들 수밖에 없었던 이유를 서술해보십시오.

❷ 우상 숭배가 왜 신앙생활에 위협이 되는지 설명해보십시오.

적용을 위한 글

맘몬(Mommom)은 어느 새 현대인들의 거대한 우상으로 탈바꿈했다. 고대는 '현인'(Wise Man), 중세는 '성자'(Saint)가 이상적 모델이었다. 그리고 현대는 '부자'(Rich Man)가 이상적 모델이다. 그래서 오늘날 대부분의 사람들은 배금주의(拜金主義) 사상을 생활 철학으로 삼고 있다. 황금은 인생의 지고한 행복의 얼굴이며 삶의 목표이다. 또한 성공의 상징으로 착각하기도 한다. 영어에서 돈은 '머니'(money)로 사용되는데, 이 말은 라틴어 '모네타'(moneta)에서 유래했다. 이는 인류의 재산 분배를 감독하는 신을 모신 사원의 이름으로 '신께 의뢰하는 것'이라는 종교적인 의미를 지니고 있다. 미국에서 제일 돈을 많이 벌었던 부자는 록 펠러(John Davison Rockefeller)이다. 그는 자신의 재산 관리 철학을 "나는 돈의 창고를 맡은 청지기이다. 따라서 이 돈을 하나님의 뜻대로 사용하는 권리밖에 없다"라고 말했다. 그는 돈을 옳게 버는 것도 중요하지만, 번 돈을 옳게 쓰는 것의 중요성을 잘 알고 시행한 사람이었다. 성경은 말한다. "재물은 스스로 날개를 내어 하늘을 나는 독수리처럼 날아가리라"(잠 23:5). 성경에는 돈(재물)에 관한 구절이 대략 2천 개 이상 된다. 또한 38개의 비유 가운데 16개가 재물과 소유 문제를 다루고 있다. 이것은 그리스도인으로서 재물의 관리가 얼마나 중요한가를 말해주고 있다. 미국 가정의 80%가 자신의 수입 100% 이상을 소비한다고 한다. 이것은 전체 미국인 50% 이상이 물질과 금전의 노예로 전락했다는 증거이다. 그리스도인들조차 이런 함정에 빠지게 되는 이유가 무엇인가? 그것은 성경적인 청지기 원리를 무시하고 세속적인 생활 원리를 따랐기 때문이다. —배수영, 「21세기 리더십 에세이」

적용 및 결단을 위한 질문

❶ 하나님보다 사랑하는 모든 것은 우상이 될 수 있습니다. 지금 여러분 안에 있는 우상은 무엇인지 살펴보십시오.

❷ 금송아지 숭배로 이스라엘 백성들은 하나님의 심판을 받았습니다. 이것은 앞으로 우리가 맞이하게 될 최후의 심판을 예시하고 있습니다. 진노의 심판을 피할 방법은 오직 하나, 하나님을 믿는 것입니다. 믿음의 삶을 위해서 기도하십시오.

20 모세의 기도

본문 출애굽기 33:1-23

외울말씀 모세가 여호와께 아뢰되 보시옵소서 주께서 내게 이 백성을 인도하여 올라가라 하시면서 나와 함께 보낼 자를 내게 지시하지 아니하시나이다 주께서 전에 말씀하시기를 나는 이름으로도 너를 알고 너도 내 앞에 은총을 입었다 하셨사온즉 (12절)

도입을 위한 글

한 미국인 의대생의 이야기다. 대학 3학년 때 그녀는 우연히 마약을 접하게 되었다. 그래서 피곤할 때마다 마약을 복용하곤 했는데 나중엔 그것이 습관이 되어버렸다. 인턴과 레지던트 과정을 거치면서도 매일 마약을 복용했다. 결국 그녀는 마약을 복용하지 않으면 환자를 진료할 수 없을 정도로 중독 상태가 되어버렸다. 나중에 그 사실이 직장 동료들에게 알려지게 되면서 직장을 그만두게 되었고, 마약을 살 수 없는 가난뱅이로 전진했다. 그래서 자신의 의지로 마약을 끊기 위해 피나는 노력을 했지만 다 허사였다. 그러던 어느 비 오는 날 저녁, 그녀는 자살을 결심하고 비를 잔뜩 맞으면서 뚝 옆의 저수지로 갔다. 뚝 위에 올라서서 여태껏 한번도 불러본 적이 없는 하나님을 향해 무릎을 꿇고 기도하기 시작했다. "오! 하나님, 저는 아무것도 할 수 없는 사람입니다. 저를 구해주시옵소서." 비를 맞으면서 아주 간절하게 기도했다. 그런데 갑자기 머리 위가 뜨거워지면서 전신에 그 뜨거움이 전해지기 시작했다. 그리고 양 어깨를 짓누르고 있던 무거운 짐을 누군가가 양손으로 거두어 가는 느낌을 받았다. 순간 그녀는 날듯이 가벼워짐을 느낄 수 있었다. 그녀는 그 자리에서 일어나 하나님을 찬양하고 자살하려는 마음을 바꾸어 집으로 돌아왔다. 그후 그녀는 깨끗이 마약을 끊었고 지금은 마약과 알콜 중독으로 삶을 포기한 사람들을 위해 봉사하고 있다. 옛것을 완전히 벗어버리는 일은 내 의지로 할 수 없고 오직 성령의 도우심으로만 가능하며 그 도우심을 얻기 위해서는 기도하는 수밖에 없다. -「기도는 하나님의 은혜를 입는 지름길」

도입을 위한 질문

❶ 여러분의 기도생활은 어떤지 나눠보십시오.

❷ 기도를 해서 응답을 받은 적이 있다면 이야기해보십시오.

본문 질문

❶ 하나님이 모세에게 주신 명령은 무엇입니까?(1-3절)

* 올라가라(1절): 원어로는 '알라'이며, 원뜻은 '깨어나다, 출발하다, 도약하다' 혹은 '복구하다'이다.

❷ 하나님의 준엄한 말씀에 대해 이스라엘 백성들의 반응은 어떠했습니까?(4절)

❸ 이스라엘 백성들에게 전하라고 모세에게 주신 말씀은 무엇입니까?(5–6절)

* 떼어 내라(5절): 여기서 '떼어 내다'는 뜻으로 사용된 동사 '야라드'의 의미는 '내려가다'인데, 사역형으로 쓰일 때는 '(아래로)던지다, 끌어내리다'란 뜻이 된다.

❹ 모세가 진 밖에 회막을 친 이유는 무엇입니까?(7–11절)

* 회막(7절): 원어로 '오헬 모에드'는 '회집(會集)의 장소', 즉 하나님과 백성이 만나는 장막이란 뜻을 가지고 있다.

❺ 모세의 기도 내용을 정리해보십시오(12–13절).

* 지시하지(12절): 원어는 '야다'이며 '지시하다'라는 뜻과 함께 '대답하다, 알리다'(알게 하다), 자신을 나타내다'라는 뜻도 있다.

❻ 모세의 기도에 대한 하나님의 응답은 무엇입니까?(14절)

❼ 주의 영광을 보기 원하는 모세에게 하나님은 무엇을 말씀하셨습니까?(18–23절)

* 은혜를 베풀고(19절): 히브리어 동사 '하난'은 '호의를 베풀다', '은혜롭게 대하다'는 뜻으로, 윗사람이 아무런 자비도 요구하지 않는 아랫 사람에게 '자발적으로 베푸는 은혜'를 의미한다.

더 깊은 연구와 묵상을 위하여

전기가 지극히 가까운 곳까지 와 있지만 스위치를 누르지 않으면 어둠은 물러가지 않고 불빛은 밝혀지지 않는다. 하나님의 능력의 손길도 이처럼 항상 우리의 생활을 감싸고 있다. '주여' 하고 무릎을 꿇고 간구하는 기도가 없을 때에는 하나님과 우리 사이에 작은 벽이 생겨서 어려운 현실에 접하게 된다. 만약 어두운 방에 앉아서 스위치를 누를 생각도 하지 않으면서 어둡다고 불평하고 유독 나에게만 이 어두움이 기습한다고 원망한다면, 이 얼마나 우매한 일인가. 스위치만 누르면 빛이 방안에 가득히 비치도록 되어 있음에도, 어두움을 운명으로 체념해버리는 것은 그 자신에게 원인이 있다. 전기가 우리 가까이에 있듯이, 하나님의 능력을 내 생활 속에서 누리기 위해서는 '기도'라는 스위치를 눌러야 한다. 기도만이 하나님과 우리 사이에 있는 문을 열게 하고, 기도만이 하나님의 능력을 내 생활 속에 이끌어 오게 하며, 기도만이 우리 삶의 허다한 문제를 하나님의 소관으로 넘겨드릴 수 있는 방법이기 때문이다.

—오관석, 「왜! 기도해야 하는가」

❶ 모세의 기도를 통해서 이스라엘 백성들이 입은 은혜는 무엇입니까?

❷ 중보기도는 왜 중요합니까?

적용을 위한 글

세계인의 존경을 받는 조지 뮬러(George Muller)는 기도의 사람이었다. 그는 93세까지 살았는데 고아원을 시작하면서부터 세상을 떠나기 전까지의 60년간은 특히 기도를 많이 했다. 고아의 아버지로 알려진 그가 기도의 응답으로 받은 금액은 무려 7백 20만 달러나 되었다. 뮬러는 하나님의 일을 위해서 무엇이 필요하게 되면 기도를 바로 시작하지 않았다. 그는 자기가 올릴 기도의 내용이 성경의 어디에 약속되어 있는가를 꼭 찾은 다음에 기도했다고 한다. 그래서 어떤 때는 기도하기 전에 며칠 동안 성경을 찾을 때도 있었다. 조지 뮬러가 가장 시간을 많이 들여 했던 기도 제목이 있다. 그것은 자기가 어렸을 때부터 같이 삶을 나누었던 다섯 명의 친구들의 구원 문제를 위한 기도다. 뮬러는 다섯 친구를 위해서 계속 기도했다. 그리고 한 사람, 두 사람 믿기 시작했다. 그런데 끝까지 안 믿는 친구가 두 사람이 있었다. 뮬러는 이 두 친구를 위해서 얼마나 기도했는지 모른다. 무려 52년간 두 친구의 구원을 위해서 기도했다. 그래도 그들은 믿지 않았다. 뮬러는 노년이 되어서 병석에 눕게 되었고 그는 서서히 자기 인생의 마지막 날이 가까워 오는 것을 느꼈다. 어느 날 그는 있는 힘을 다해서 주변 사람들에게 부탁했다. "내가 오늘 사랑하는 우리 교회에서 말씀을 전할 수 있는 특권을 주십시오." 그는 자기 인생의 마지막 남은 힘을 가지고 간절하게 최후의 설교를 했다. 마지막 설교를 하던 그날, 그의 한 친구가 거기에 참석했다가 뮬러 목사의 설교를 듣고 회개하고 예수님을 믿게 되었다. 그래도 나머지 한 친구는 믿지 않았다. 뮬러가 세상을 떠났다. 그 후에 그때까지도 하나님을 안 믿던 한 친구가 뮬러의 죽음을 듣게 되었다. 그리고 그는 뮬러가 특별히 자기를 위해서 52년간이나 기도했다는 소식을 들었다. 뮬러가 죽은 바로 그해,

그 소식을 들은 이 친구는 결국 예수님을 믿게 되었다. 믿음을 가진 후, 그 친구가 전 영국 땅을 순회하면서 이런 간증을 했다. "뮬러 목사의 기도는 다 응답되었습니다. 그리고 저는 그 최후의 응답입니다. 여러분의 모든 기도도 다 응답됩니다."

적용 및 결단을 위한 질문

❶ 기도는 최후의 수단이 아닌, 최선의 방법입니다. 그래서 예수님도 기도하셨고, 우리에게 기도하라고 말씀하셨습니다. 여러분의 기도 습관 중, 좋은 습관과 나쁜 습관이 무엇인지 점검해보십시오.

❷ 기도는 우리의 호흡이며 삶이 되어야 합니다. 기도 노트를 만들어 매일 기도하고, 하나님의 응답을 직접 확인해보십시오.

21 새 십계명과 언약

본문 출애굽기 34:1-35

외울말씀 여호와께서 모세에게 이르시되 너는 돌판 둘을 처음 것과 같이 다듬어 만들라 네가 깨뜨린 처음 판에 있던 말을 내가 그 판에 쓰리니 (1절)

도입을 위한 글

로마의 황제가 원로원 귀족의 집에 초대를 받았다. 쉴틈 없이 음식을 장만하던 한 늙은 종이 응접실에 있는 값비싼 자기 하나를 깨뜨리고 말았다. 주인은 그 종을 끌어내어 악어가 살고 있는 연못 속에 집어넣으라고 명령했다. 종은 얼굴이 새파랗게 질려 용서를 구했으나 주인의 뜻은 완강했다. 가보를 깨뜨린 사람은 악어의 밥이 되게 하는 것이 가문에서 정한 규례였기 때문이다. 황제도 나서서 종을 용서해주라고 했으나 원로원은 집안에는 정한 규례라는 이유로 거절했다. 그러자 황제는 또 다른 가보인 자기를 일부러 깨뜨린 후 주인에게 말했다. "나도 이 집의 가보를 깨뜨렸으니 저 종과 함께 연못 속에 던져라!" 그러자 모두 잠잠해졌고, 아무리 가보를 깨뜨렸다 해도 황제를 죽일 수는 없기에 원로원 귀족은 그 종을 용서할 수밖에 없었다. 이 세상에서 구약성경의 율법을 엄격하게 적용하면 살아남을 수 있는 사람은 단 한 사람도 없다. 오직 하나님의 은혜로 말미암아 우리가 구원을 얻게 되는 것이다. 예수님께서 이 땅에 오셔서 우리를 위하여 대신 죽으심은 무조건적인 하나님의 은혜인 것이다. —박상훈, 「내일이 무엇이니? 영생이 무엇이니?」

도입을 위한 질문

❶ 하나님의 은혜를 누리는 삶의 특징은 무엇이라고 생각합니까?

❷ 하나님의 은혜와 사탄의 유혹에는 어떤 차이점이 있습니까?

본문 질문

❶ 하나님이 모세에게 지시한 말씀은 무엇입니까?(1–3절)

* 다듬어 만들라(1절): 원어로는 '페살 레카'라고 읽는다. 이것은 '파살'(깍다, 새기다)의 재귀 명령형으로 '네 자신이 깍아 만들라', (다른 사람이 아닌) '네가 깍아 만들라'는 뜻이다.

❷ 시내 산에서 하나님이 모세 앞을 지나가시면서 선포하신 말씀은 무엇입니까?(4–7절)

* 구름은 하나님의 임재를 상징한다(출 33:9). 그런데 하나님께서는 비단 구름 뿐 아니라 불과 연기(창 15:17), 폭풍우(욥 38:1), 세미한 소리(왕상 19:12) 등을 통해서도 자신의 임재를 나타내셨다.

❸ 하나님의 임재가 있을 때, 모세는 어떠한 말과 행동을 했습니까?(8–9절)

* 주의 기업(9절): 직역하면 '주의 소유'. 일반적으로 '기업'에 해당하는 '나할'은 '몫, 차지, 유산' 등의 뜻이 있기 때문에 '주의 기업'보다는 '주의 소유'라는 말이 더 좋다.

❹ 하나님이 이스라엘 백성들과 세우려는 언약에 대해서 설명해보십시오(10절).

❺ 언약의 백성으로서 이스라엘이 지켜야 할 사항을 크게 두 가지로 정리해보십시오(12-26절).

* 아세라 상(13절): 원어로 '아쉐라우'라고 하며, '축적하다, 부해지다'는 뜻의 '아솨르'에서 유래했다. '풍요의 신'으로 알려진 가나안의 여신을 뜻한다.

❻ 하나님이 이스라엘 백성들과 맺은 언약의 말씀은 곧 무엇을 가리킵니까?(27-28절)

❼ 산에서 내려온 모세가 수건으로 자기의 얼굴을 가린 이유는 무엇입니까?(29-35절)

* '광채가 나다'에 해당하는 원어 '카란'은 '뿔이 나다'는 뜻도 있다. 아마 모세의 얼굴에서 나는 광채는 뿔과 같은 모양으로 빛났던 것 같고, 이 때문에 사람들은 더 두려워했던 것 같다.

더 깊은 연구와 묵상을 위하여

하나님은 하나님과 관계가 깨질 뻔한 사람들과 다시 한 번 하나님의 비전을 확인하려 하신다. "너는 내가 오늘 네게 명령하는 것을 삼가 지키라 보라 내가 네 앞에서 아모리 사람과 가나안 사람과 헷 사람과 브리스 사람과 히위 사람과 여부스 사람을 쫓아내리니 너는 스스로 삼가 네가 들어가는 땅의 주민과 언약을 세우지 말라 그것이 너희에게 올무가 될까 하노라"(출 34:11-12). 지금까지는 '가나안 땅에 들어가게 해주겠다, 동행하겠다'라는 말씀만하셨다면 이제는 현재 그곳에 살고 있는 사람을 '쫓아내리라'고 말씀하신다. 이는 하나님의 비전을 확인시켜 주시는 것이며, 하나님과 이스라엘 백성들과의 관계가 회복되었다는 전제가 깔려있는 것이다. 게다가 '거기 가서 계약을 맺지 말라'는 이야기는 이미 그곳에 간다는 것이 전제된 이야기가 아닌가? 이스라엘 백성들의 입장에서 '이제는 됐구나' 싶었을 것이다. 하나님은 이스라엘 백성들을 기업으로 삼고자 하셨다. 그래서 그들을 용납하신 것이다. 하나님의 기업은 하나님의 비전이다

—조병호, 「출애굽기 숲과 나무」

❶ 하나님이 이스라엘 백성들에게 주신 언약 속에 담겨있는 하나님의 비전은 무엇입니까?

❷ 성경에 기록된 언약들을 정리해보십시오.

적용을 위한 글

십계명을 받기 위해서 다시 시내 산에 오른 모세는 사십주야를 먹지도 마시지도 않고 지냈다. 그럼에도 40일 만에 내려오는 모세의 얼굴에는 광채가 나서 백성들이 모세의 얼굴을 쳐다보지 못할 지경이었다. 모세의 얼굴에 나타난 그 광채는 심령의 기쁨과 평안과 만족에서 비롯되었다. 아마도 천국에서의 모습이 바로 그런 모습일 것이다. 이처럼 은혜를 받으면 얼굴이 변한다. 오늘날 우리는 자신의 어두운 모습을 감추려고 값비싼 화장품을 사용한다. 그러나 제 아무리 화장품을 바르고, 마사지를 하면 뭐하겠는가? 화장을 지우고 나면 얼굴에 숨겨진 모든 것들이 금방 드러나는데 말이다. 중요한 것은 내면의 아름다움이다. 이를 위해서 필요한 것은 하나님의 은혜다. 은혜가 있을 때, 평안과 기쁨이 넘친다. 혹여 병색이 짙더라도 그 빛나는 얼굴은 막지 못할 것이다.

적용 및 결단을 위한 질문

❶ 성령 충만한 사람들의 특징은 무엇입니까?

❷ 증거판을 들고 시내 산에서 내려오는 모세를 맞이하는 이스라엘 백성들은 금송아지 우상을 숭배했던 이전과 달랐습니다. 본문의 말씀 앞에서 여러분은 어떻게 달라졌습니까?

22 하나님의 명령

| 본문 출애굽기 35:1-19

| 외울말씀 모세가 이스라엘 자손의 온 회중을 모으고 그들에게 이르되 여호와께서 너희에게 명령하사 행하게 하신 말씀이 이러하니라 (1절)

도입을 위한 글

안식일은 금요일 해질 무렵부터 토요일 해질 때까지를 이른다. 유대 교회는 지금도 안식일을 지키며, 개신교에서는 주일, 곧 주님의 날을 기념한다. 물론 안식일의 기본 개념은 바뀌지 않았다. 월요일부터 토요일까지 일하고 일요일에 쉬는 이 제도는 세계 어느 곳이나 공통적이다. 그런데 이 제도가 점점 흔들리고 있다. 일주일에 6일 일하는 것이 너무 힘들다며 어떤 나라는 4일 일하고 3일 쉬자는 나라도 있다. 성경 말씀을 무시하고 순전히 인간의 편의대로 쉰다면 그동안 무엇을 하겠는가? 쉬는 것을 좋지 못한 목적으로 이용하면 진정한 안식의 의미를 상실하게 된다. 진정한 안식은 예수님의 품속에서만 가능하다. 궁극적인 안식은 결국 우리가 예수님 품에서 쉬는 그것이다. 예루살렘 성전이 파괴되고 남의 나라에 포로로 잡혀간 유대인들은 성전에서 예배를 드릴 수가 없자, 안식일에 대한 여러 가지 규례를 만들었다. 그리하여 안식일은 쉬는 날이 아니라 오히려 규례에 얽매이는 날이 되었다. 같이 식사할 수도 없고, 주말에는 집안에서 경전만 읽어야 하니 누가 가까운 친구가 될 수 있겠는가? 이처럼 유대인들의 고집을 부정적으로만 말하는데, 그렇다면 오늘날 그리스도인은 어떤가? 믿지 않는 사람과 너무나 비슷하지 않은가? —김정한, 「과학자와 함께 읽는 창세기 이야기」

도입을 위한 질문

❶ 안식일과 주일의 차이는 무엇입니까?

❷ 주일성수가 중요한 이유는 무엇입니까?

본문 질문

❶ 모세가 이스라엘 백성들에게 전한 말씀 중 가장 먼저 언급한 규례는 무엇입니까?(1-2절)

❷ 안식일에 준수해야 할 사항은 무엇입니까?(2-3절)

* 불도 피우지 말지니라(3절): 인간이 살아가는 데 있어서 불처럼 중요한 것은 없다. 하지만 하나님께서는 이러한 필수적인 것조차 안식일에 금지하셨다.

❸ 성막을 위한 예물을 드리는 자세는 어떠해야 합니까?(4-5절)

❹ 여호와께 드려야 할 예물들을 열거해보십시오(5-9절).

* 여기서 언급된 성막 건축을 위한 예물들은 출애굽기 25:3-7에서 이미 지시되었던 것이다.

❺ 여호와께서 명하신 것들을 만들 수 있는 사람은 누구입니까?(10절)

* 너희 중 마음이 지혜로운 자(10절): 여기서 '마음이 지혜로운'에 해당하는 원어는 '하캄레브'인데, 이들은 각각 하나님께 받은 지혜를 따라 성막의 여러 부품들을 직접 만드는 자들을 가리킨다.

❻ 성막을 위해서 만들어야 하는 것들은 무엇입니까?(11-19절)

* '증거궤'는 일명 '언약궤'(신 31:9) 또는 '법궤'(레 16:2)라고도 하는데, 그 속에 십계명 두 돌판과 아론의 싹난 지팡이, 만나를 넣어 보관하였다.

더 깊은 연구와 묵상을 위하여

더글라스(W. I. Douglas)는 구두 제조업자로 대성한 인물이다. 하지만 그 역시 성공에 이르기까지 온갖 어려움들을 겪었다. 더글라스가 젊었을 때, 그는 일자리를 구하지 못해 구인광고를 찾아 전전긍긍하고 있었다. 급기야는 수중에 1달러밖에 없는 절박한 상황까지 이르게 되었다. 때마침 그날은 주일이었다. 헌금함 앞에서 남아있는 전 재산을 만지작거리던 그는 선뜻 50센트를 하나님께 드렸다. 다음날, 이웃 마을에 일자리가 생겼다는 소식을 들은 그는 기차표를 끊으러 역전으로 달려갔다. 그런데 기차 요금은 1달러였기 때문에 할 수 없이 50센트로 갈 수 있는 거리까지의 표를 사고 나머지는 걸어가고자 했다. 이윽고 50센트만큼의 거리를 지나 걸어가고 있는데, 역 한 구간도 채 못가서 새로운 구인 광고를 하나 발견했다. '편안하고 가벼운 구두제작에 함께 참여할 사람 구함.' 그는 단숨에 공장으로 달려가 30분만에 취업이 되었다. 보수도 애당초 목적지보다 주급 5달러를 더 준다는 좋은 조건이었다. 이렇게 해서 구두제조업에 발을 내디딘 더글라스는 성실함과 꾸준함 그리고 언제나 아낌없이 최선의 정성을 드리는 신앙으로 인해 대성하게 되었다. 훗날 그는 이렇게 회고했다. '지금의 500만 달러보다 그 당시 50센트는 내게 더 큰 의미였습니다.' 이렇듯 정성이 담긴 풍성한 예물은 우리의 삶을 넉넉하게 만든다.

❶ 성막을 위해서 예물을 드렸던 이스라엘 백성들의 심정은 어떠했습니까?

❷ 헌금을 드리는 여러분의 솔직한 마음과 주님이 원하시는 마음을 비교해보십시오.

적용을 위한 글

하나님은 필요한 것을 구하면 어떻게든 주시는 분이다. 처음에 하나님을 전하면 복음을 전하고 구원을 주는 것이기 때문에 많은 결신자가 있을 수 있다. 일단 복음을 받아들인 사람이라도 그리스도인의 열매 맺는 생활에 대해 전하면 적극적으로 수용하지 않는다. 복음의 부름을 소홀히했기 때문이다. 그래서 나는 하나님의 말씀을 전할 때, 반드시 삶의 변화와 생활에 대해 함께 전하면서 복음을 전하고 결신시켜야 한다고 생각한다. 하나님께서는 구하는 대로 주신다. 그 사람의 믿음대로 주시는 것이다. 이때 주의할 것이 있다. 하나님은 억지로 많이 바치는 것보다는 자원하는 마음으로 바치는 것을 더욱 기뻐하신다. 성막을 위해서 예물을 가지고 오라고 했을 때 모세는 마음에 원하는 자가 자원하는 마음으로 드리는 것을 원했다. 아무것이나 손에 닿는 대로 가져오는 것이 아니라, 자기 마음에서 원하는 것을 가져오는 것이다. 마음에 없는 물건을 하나님께서 기뻐받으실 리가 없기 때문이다.

적용 및 결단을 위한 질문

❶ 여러분의 삶의 현장에서 하나님이 여러분에게 명령하시는 것은 무엇입니까?

❷ 하나님을 위한 여러분의 헌신과 드림은 자원하는 마음입니까, 아니면 억지로 하는 마음입니까? 자신을 살펴 하나님이 원하시는 드림의 삶이 되도록 결단하십시오.

23 성막의 건축 준비

본문 출애굽기 35:20-35

외울말씀 마음이 감동된 모든 자와 자원하는 모든 자가 와서 회막을 짓기 위하여 그 속에서 쓸 모든 것을 위하여, 거룩한 옷을 위하여 예물을 가져다가 여호와께 드렸으니 (21절)

도입을 위한 글

성막에 대한 여러 명칭을 정리하면 다음과 같다. (1)성소(聖所, A Sanctuary)는 성막의 성격, 즉 거룩하게 구별된 것이라는 뜻으로 '성막' 또는 '성전의 지성소'를 말한다. 출애굽기 25:8에서 "내가 그들 중에 거할 성소를 그들이 나를 위하여 짓되"라고 한 것처럼 성소는 하나님께서 사람들 가운데 거하시기 위해 구별하여 지은 장소였다. (2)회막(會幕, Tent of Meeting)은 성막을 이스라엘 회중과 하나님이 만나는 곳이라 하여 '회막'이라 불렸다. 성막 안에서 드리는 모든 예배의식은 바로 이 성막이 하나님과 그의 백성이 만나는 장소임을 잘 나타내준다. (3)증거막(證據幕, Tent of Testimony)은 '증거하는 장막'이라는 뜻이다. 성막 그 자체가 하나님의 뜻을 나타내는 증거막으로, 특히 율법의 두 돌판(십계명)은 하나님 자신을 나타내보이는 계명이므로 성막을 증거막이라 했다. (4)장막(帳幕, Tent)은 원래 라틴어에서 기원된 단어로 단순히 '천막'(Tent)을 가리키나 히브리어의 본래 뜻은 '거주하는 장소'로 '정착하다'를 의미한다. 성막에 대하여 가장 많이 쓰인 명칭은 '장막'이다. (5)성막(聖幕, Tabernacle)은 '거룩한 장막'이란 뜻으로 장막 속에 거룩하신 하나님이 임재하셨다는 뜻이다. 다시 말해서, 성막은 일반 거주용 천막(Tent)과 구별되는 것으로 하나님이 임재하심을 뜻하는 거룩한 장소이고 예배의 처소인 것이다. 그리고 희생제물의 피를 의지해 인간이 하나님을 만날 수 있는 유일한 장소였다.

도입을 위한 질문

❶ 성막의 다양한 이름을 통해서 느낄 수 있는 것은 무엇입니까?

❷ 이스라엘 백성에게 왜 성막이 필요했습니까?

본문 질문

❶ 회막을 짓기 위해서 예물을 드린 사람들은 누구입니까?(20-21절)

* 자원하는 자(21절): '자원하다'는 뜻으로 사용된 '나다브'는 '자발적으로 바치다, 아낌없이 드리다, 기꺼이 하다'는 뜻을 지니고 있다.

❷ 성막을 위해서 백성들이 드린 예물과 물품들은 무엇입니까?(22-29절)

* 마음이 슬기로운(25절): 이 말은 '마음이 지혜로운'(10절)과 원어상으로 동일하다. 여기서는 '손재주가 있는'으로 번역하는 것이 좋은데, 곧 바느질에 관계된 재주를 가리킨다.

❸ 성막 건축을 위해서 부르심을 받은 두 사람은 누구입니까?(30, 34절)

* 지명하여 부르시고(30절): 원어로는 '카라 베쉠'이라 하고, 직역하면 '이름에 의해(by) 부르시고'이다. 히브리인들에게 있어서 이름이란 인격적, 주종적인 관계를 맺는 특별한 매개로 이해된다. 그리고 이름을 부른다는 것은 곧 명명자(命名者)가 피명명자에 대해 소유 내지는 지배의 권리를 갖고 있음을 의미한다.

❹ 성막 건축을 위해서 부르신 사람들에게 하나님이 주신 것은 무엇입니까?(31, 34절)

❺ 브살렐과 오홀리압이 성막 제작을 위해서 담당한 일은 무엇입니까?(32–35절)

* 깎아 물리며…새기는(33절): 두 말 다 '하로쉐트'로서 고도의 숙련된 기술을 요하는 작업을 가리킨다.

❻ 성막 건축을 준비하는 이스라엘 백성들의 모습에서 발견되는 특징은 무엇입니까?

더 깊은 연구와 묵상을 위하여

성막은 이스라엘 백성들이 드린 예물로 지어졌다. 성막의 재료에 대해 하나님이 친히 말씀하셨고, 그 재료들을 다 이스라엘 백성들이 하나님께 바쳤다. "…금과 은과 놋과 청색 자색 홍색 실과 가는 베 실과 염소 털과 붉은 물들인 숫양의 가죽과 해달의 가죽과 조각목과 등유와 관유에 드는 향료와 분향할 향을 만들 향품과 호마노며 에봇과 흉패에 물릴 보석이니라"(출 25:3-7). 하나님의 말씀을 따라 이스라엘 백성이 드린 예물의 합계는 다음과 같다 "성소 건축 비용으로 들인 금은 성소의 세겔로 스물아홉 달란트와 칠백삼십 세겔이며 계수된 회중이 드린 은은 성소의 세겔로 백 달란트와 천칠백칠십오 세겔이니…드린 놋은 칠십 달란트와 이천사백 세겔이라"(출 38:24-29). 본문에 따르면, 성막 건축을 위해 바친 금은 29달란트와 730세겔이며, 은은 100달란트와 1,775세겔이고, 놋은 70달란트와 2,400세겔이었다. 이를 환산해 보면, 금의 중량이 약 1.5톤, 은은 약 4.5톤, 놋은 약 4톤을 넘는다. 하나님의 거처요, 하나님의 이름을 두는 성막은 이처럼 하나님의 백성들이 헌신한 예물로 지어진 것이다.

❶ 성막 건축을 위해서 이스라엘 백성들이 아낌없이 예물을 드린 이유는 무엇입니까?

❷ 이스라엘 족장은 백성들보다 예물을 더 많이 드렸는데, 이것이 주는 영적 교훈에 대해서 생각해보십시오.

적용을 위한 글

하나님은 성막을 만들기 위해서 필요한 예물과 일꾼들을 하나님의 방식대로 준비하셨다. 먼저 성막에 쓸 물건을 가져오도록 백성들에게 감동을 주시고 브살렐에게 하나님의 영을 충만하게 하여 지혜와 총명과 지식으로 여러 가지 일을 하게 하셨다. 이어서 오홀리압도 부르셔서 함께 성막을 정교하게 짓도록 하셨다. 이처럼 하나님의 일은 하나님이 공급하시는 물건으로, 하나님의 방법대로 해야 하는 것이다. 하나님은 필요한 일꾼들을 부르시고 성령을 부어주신다. 그리고 필요한 지혜와 지식과 기술을 주셔서 하나님의 사업을 완성하게 하신다. 지금 하나님으로부터 부르심을 받아 일하고 있다면, 하나님은 이미 그 일을 감당할 만한 모든 여건을 허락하신 것이다. 문제는 믿음의 눈으로 하나님이 주신 것을 바라보지 못하는 것이며, 믿음으로 행동하지 못하는 것뿐이다.

적용 및 결단을 위한 질문

❶ 브살렐과 오홀리압을 부르셨던 하나님은 또한 복음을 위해서 우리를 부르십니다. 어떻게 그 일을 감당하고 있는지 나눠보십시오.

❷ 오순절 성령강림 이후 변화된 제자들의 모습은 오늘날에도 가능한 하나님의 역사입니다. 성령 충만하여 능력있는 삶이 되도록 마가의 다락방을 찾아 간절히 기도하십시오.

24 성막의 건축

본문 출애굽기 36:1-38

외울말씀 브살렐과 오홀리압과 및 마음이 지혜로운 사람 곧 여호와께서 지혜와 총명을 부으사 성소에 쓸 모든 일을 할 줄 알게 하신 자들은 모두 여호와께서 명령하신 대로 할 것이니라 (1절)

도입을 위한 글

하나님께 구하기 전에 생각해야 할 것이 있다. 그것은 나의 간구가 하나님의 뜻과 일치하는가, 하나님이 기뻐하는 것인가, 결과가 하나님께 영광을 돌릴 수 있는 것인가 하는 점이다. 만약 우리의 기도가 하나님의 뜻과 일치한다면 반드시 이루어질 것을 믿어야 한다. 그런데 "구하라 그러면 주실 것이요" 라고 하셨지 '즉각' 주신다는 말씀은 없으셨다. 이 말은 즉각 주실 수도 있지만 오랜 세월이 지난 후에 주실 수도 있다는 뜻이다. 그러나 우리는 당장 얻기를 바라고 또 즉각 응답이 안 되면 거절이나 무응답으로 단정하는 경우가 많다. 귀한 것일수록 응답받는 시간이 오래 걸리고 기다림이 필요하다. 옷을 구입할 때에 당장 입을 수 있는 기성복이 있는가 하면 몸에 꼭 맞게 입는 맞춤복이 있다. 예술가는 자신의 뼈와 살이 녹는 오랜 시간을 투자한 후에야 비로소 위대한 작품을 탄생시킨다. 하나님이 가장 아름다운 것을 주시고자 할 때는 쉽게 주시지 않는다. 때문에 믿음에는 인내가 필요한 것이다.

-하용조, 「사랑하는 그대에게」

도입을 위한 질문

❶ 믿음과 인내는 어떤 연관성이 있습니까?

❷ '하나님의 인내하심으로 이스라엘이 성막을 건축할 수 있었다'의 의미를 생각해보십시오.

본문 질문

❶ 모세가 성막 건축을 위해서 부른 사람들은 누구입니까?(1–2절)

* 마음에 원하는 모든 자(2절): '마음에 원하는'에 해당하는 '네사오 리보'는 '그 마음이 흥분되어, 고양되어'라는 뜻이다.

❷ 성막 건축을 위한 이스라엘 백성들의 호응은 어떠했습니까?(3–7절)

* 넉넉하여 남음이 있었더라(7절): 이스라엘이 출애굽 때 애굽인들로부터 풍부한 은금 패물과 의복을 받아 나오긴 했지만(출 12:35–36) 모든 것이 긴요할 광야 생활이라는 점을 감안하면, 그들이 쓰고도 남을 예물을 하나님의 일에 바쳤다는 것은 진정한 헌신과 희생의 행위가 아닐 수 없다.

❸ 성막에 그룹을 무늬 놓아 짜서 지은 이유는 무엇입니까?(8절)

* 가늘게 꼰 베 실과 청색 자색 홍색 실(8절): 성경에서 언급되고 있는 색깔들은 저마다 상징적 의미를 지니고 있다.

❹ 성막의 휘장은 어떻게 만들었습니까?(8–13절)

❺ 성막을 덮는 막의 재료와 제작과정을 설명해보십시오(14–19절).

❻ 성막의 널판과 은 받침의 규격과 만드는 방법은 무엇입니까?(20–34절)

* 중간 띠(33절): 널판의 옆면 중앙에 구멍을 판 후 여기에 띠를 꿰어 널판들을 하나로 연결시키던 장대였을 것이다.

❼ 성소의 휘장과 장막 문 휘장은 어떻게 만들었습니까?(35–38절)

더 깊은 연구와 묵상을 위하여

성막은 하나님이 모세에게 보여주신 대로 순종하여 지었다. 성막에서 제사장이 하나님을 섬겨야 하기에 하나님은 섬기는 법을 알려주신 것이다. 성막에서 제사장이 하나님을 섬기는 법은 예수님 안에서 왕 같은 제사장이 된 성도의 신앙생활을 잘 나타낸다. 성막의 구조를 보면, 동문으로 시작해서 뜰이 있고 방 두 개가 있는데 첫째가 성소이고 그 안에 지성소가 있다. 각각의 장소에는 제사장이 하나님을 섬기는 기구들이 있다. 뜰에는 번제단과 물두멍이 있어서 거기서 하나님께 번제를 드리며, 손발을 닦는다. 뜰에서 이루어진 사역은 회개와 침례를 예표하며, 우리 죄를 위해 대속제물이 되신 그리스도의 죽으심과 다시 사심을 드러낸다. 성소에는 등대와 진설병 상과 금향단이 있다. 일곱 금촛대가 있는 등대는 성령의 사역을 예표하며, 성령께서 성도의 심령에 빛을 밝혀주시고 감동 감화하신다. 진설병(陳設餠)이란 진열하고 설치해놓은 떡이다. 예수님께서는 "내가 곧 생명의 떡이니라"(요 6:48)고 말씀하시면서 자신의 살을 세상의 생명을 위해서 내어주셨다. 또한 금향단의 향은 우리의 기도가 아버지께 상달되는 것을 의미한다. "또 다른 천사가 와서 제단 곁에 서서 금 향로를 가지고 많은 향을 받았으니 이는 모든 성도의 기도와 합하여 보좌 앞 금 제단에 드리고자 함이라 향연이 성도의 기도와 함께 천사의 손으로부터 하나님 앞으로 올라가는지라"(계 8:3-4). 지성소에는 법궤(法櫃)가 있는데, 그것은 언약궤(言約櫃) 또는 증거궤(證據櫃)라고 부른다. 이러한 법궤의 별칭을 보면 아버지와 아들과 성령의 사역에 초점이 맞추어져 있음을 알게 된다. 또한 법궤는 하나님이 법을 세우시고 말씀하신다는 것을 알 수 있다. 법궤를 덮는 뚜껑인 시은좌(施恩座)는 은혜를 베푸시는 하나님의 사역을 예표한다. 이처럼 성막은 하나님을 위하여, 하나님에 의해 지어진, 하나님의 집이다. 하나님의 이름이 거룩히 여겨지고, 하나님의 나라를 보여주며, 하나님의 의도를 알게 하는 성소인 것이다.

❶ 성막을 건축하는 순서를 정리해보십시오.

❷ 성막을 통해서 발견하는 하나님의 은혜를 나눠보십시오.

적용을 위한 글

성막을 누가 지으며 어떻게 지을 것이냐 하는 등의 문제를 생각하면, 하나님의 교회 일을 누가 어떻게 할 것이냐 하는 것을 명확히 알 수 있다. 하나님의 일은 세상 사람들이 생각하는 것처럼 반드시 돈이 있어야 하고 권력과 지식이 있어야 한다고 생각해서는 안 된다. 출애굽기 25:2에 보면 "이스라엘 자손에게 명령하여"라는 말씀이 있다. 이 말씀은 성막을 누가 지을 것인지를 단도직입적으로 말씀한 것이다. 성막은 이방 민족, 즉 권력있는 애굽이나 힘센 블레셋이나 그 어떤 민족에게 지으라고 한 것이 아니라, 이스라엘 백성들에게 주신 하나님의 명령이다. 이는 아무나 성막을 짓는 것이 아니고, 하나님의 택한 백성이 짓는 것이며 하나님이 그들에게 요구하신 것이다. 즉, 성막은 반드시 택한 백성이 지어야 하며, 하나님의 성령을 받은 사람이 정한 예물로 짓되 감사하는 마음으로 낸 예물이어야 하며, 나아가서는 하나님의 지시대로 지어야 한다.

—조준상, 「성막과 대제사장」

적용 및 결단을 위한 질문

❶ 하나님의 사람들에 의해서 성막이 건축된 것처럼, 하나님의 나라 확장도 마찬가지입니다. 하나님의 사람이 되기 위한 전제 조건은 무엇입니까?

❷ 성막을 건축하는 데에는 하나님의 세세한 지시가 있었습니다. 지금 여러분에게 주님이 지시하시는 것은 무엇인지 찾아 그 말씀을 실천하십시오.

25 성막의 기구

본문 출애굽기 37:1-29

외울말씀 거룩한 관유와 향품으로 정결한 향을 만들었으되 향을 만드는 법대로 하였더라 (29절)

도입을 위한 글

아프리카로 간 영국의 선교사 스터드(C. T. Studd)의 이야기다. 그는 부모로부터 많은 재산을 상속받았다. 그러나 그는 성경의 부자 청년이 실패했던 바로 그 일을 자신이 행하기 위해 전 재산을 그리스도께 드리기로 결심했다. 이것은 하나님의 말씀에 대한 분명한 순종이었다. 그는 영국 및 해외에서의 주님의 일을 위해 수많은 돈을 기부했다. 한편, 그는 약혼녀를 위해 9,600달러 상당의 돈을 저축했는데, 그녀 역시 신랑과 마찬가지로 예수님을 따르기 위해 모든 것을 포기했다. "스터드, 주님께서 젊은 부자 청년에게 무엇을 하라고 하신지 아세요?"라고 그녀가 물었다. "모든 것을 팔라고 하셨지" 하고 그는 대답했다. "그러면 우리도 주님과 함께 빈손으로 출발해야 하겠군요." 그리하여 그 돈도 선교를 위해 사용되었다. 예수 그리스도는 우리가 그를 따르기 위해 기꺼이 모든 것을 버려야 한다고 말씀하신 것이 아니라 반드시 모든 것을 버려야 한다고 말씀하신 것을 기억하자.

도입을 위한 질문

❶ 주님을 위해서 가장 소중한 것을 포기한 적이 있습니까?

❷ 주님에 대한 순종 정도를 상 · 중 · 하로 나눈다면 어디에 위치합니까?

본문 질문

❶ 브살렐은 법궤를 어떻게 만들었습니까?(1–5절)

* 금 고리 넷을…네 발에 달았으니(3절): '발'은 받침용 '다리'를 가리키는데 법궤에는 그러한 다리가 없다. 따라서 여기서는 법궤 아랫 부분 모서리(corner)를 가리키는 것으로 보아야 한다.

❷ 속죄소의 제작방법을 적어보십시오(6–9절).

* 순금으로 속죄소를 만들었으니(6절): 조각목으로 만든 후 그 위에 금을 입힌 기구들(성막 널판, 법궤, 진설병 상, 분향단)과 달리 속죄소는 등대와 마찬가지로 순금으로 만든 것이 특징이다.

❸ 진설병 상은 어떻게 만들었습니까?(10–13절)

* 상을 만들었으니(10절): 진설병 상은 이스라엘 열두 지파를 상징하는 열두 개의 떡을 하나님께 진설해 바치는 기구이다.

❹ 진설병 상의 부속도구는 무엇입니까?(14-16절)

❺ 말씀을 토대로 하여 등잔대의 재료와 모습을 그려보십시오(17-24절).

* 살구꽃 형상(19절): 이스라엘에게 있어서 살구꽃은 특별한 보호, 희망 등을 상징한다.

❻ 분향할 제단의 재료와 제작과정을 설명해보십시오(25-28절).

❼ 거룩한 관유와 향품으로 만든 것은 무엇입니까?(29절)

* 거룩한 관유(29절): 제사장이나 왕, 선지자 등을 세울 때 또는 성막의 기구들을 거룩히 구별할 때 붓는 기름으로써 향 제조법에 따라 특별하게 제조하였다.

더 깊은 연구와 묵상을 위하여

성막의 대략적인 구조와 모습을 살펴보자. 위치와 구조에 있어서 성막은 뜰 주변을 천으로 두른 60개의 기둥으로 울타리가 쳐져있다. 다음으로 동쪽에 나 있는 문을 통해 성막에 들어가면 먼저 넓은 뜰 안에서 번제를 드리는 놋 제단이 있고, 이 놋 제단과 성소 사이에 물두멍이 있다. 그리고 성막 뜰 서쪽 끝 편에 자리 잡은 성막이 있는데, 이곳은 휘장에 의해 첫째 방인 '성소'와 둘째 방인 '지성소'로 구분되어 있다. 성소에 들어가면 중간쯤 되는 위치의 우편에 열두 개의 진설병을 올려놓은 상이 있고, 좌편에는 일곱 개의 금촛대로 이어진 등대가 있으며, 중간에는 분향단이 놓여있다. 또한 지성소 안에는 언약궤 또는 법궤가 놓여있는데, 그 뚜껑에는 속죄소와 그룹들이 있다. 성막은 기구의 위치와 배열에서도 구원이라는 상징성을 가진다. 동편 끝에 위치한 제단에서부터 성소에 있는 분향단의 가운데를 가로질러 언약궤까지 선을 하나 긋고, 성소 북쪽에 있는 진설병에서 남쪽에 있는 등대까지 선을 그으면 정확하게 십자가의 모양이 나오기 때문이다. 또한 성막은 크게 놋 제단, 물두멍, 진설병 상, 등잔, 분향단, 언약궤, 성소의 일곱 개의 기구로 구성되어 있다. 이는 완전하신 하나님의 설계에 의해 지어진 성막이 완전하신 구원을 상징한다는 것을 보여준다. 완전하신 하나님의 설계도인 성막은 예수 그리스도를 통한 완전한 구원계획을 예표하고 있다.

❶ 속죄소는 무엇을 하는 곳이며, 속죄소의 현대적 의미는 무엇입니까?

❷ 성소와 지성소를 구분한 이유는 무엇입니까?

적용을 위한 글

성막의 모든 기구의 원재로는 조각목이었다. 실제로 조각목으로 만들 수 없는 등대와 물두멍을 제외하고 법궤와 떡상과 향단, 심지어 제단까지 모두 조각목으로 만들었다. 또 다른 하나는 위치에 따라서 입힌 재료가 다르다는 사실이다. 지성소와 성소는 모두 금으로 되어 있다. 법궤도 금이요, 향단과 떡상과 등대도 모두 금으로 싸여져있다. 그러나 뜰은 놋이다. 제단은 놋 제단이요, 물두멍도 놋으로 만들었다. 이와 같이 성막 안에 있는 여러 기구들을 살펴보면서 느껴야 할 것은 이 모두를 하나로 요약하면 하나님의 말씀이라는 것이다. 이스라엘 백성들의 공동체 안에 있어야 할 것 중 가장 중요한 것은 하나님의 말씀이다. 특히 하나님의 말씀은 사람을 구원하여 하나님 앞에서 영광스럽게 살게 하는 말씀이다. 하나님의 구원의 지식이다. 그래서 교회는 단순히 모여서 서로 잘 지내고 서로 사랑하는 것만이 전부가 아니다. 그 안에 하나님의 구원의 지식이 들어있어야 한다. 하나님의 구원의 지식이 보여주는 것을 기구로 만들어서 펼치면 지금 우리가 보는 여러 거룩한 기구들로 나타낼 수 있다.

적용 및 결단을 위한 질문

❶ 조각목은 잡목이라 할 정도로 볼품없는 나무였습니다. 그럼에도 대부분의 성소 기구들이 조각목으로 만들어졌다는 사실이 여러분에게 어떠한 은혜를 주는지 고백해보십시오.

❷ 성막의 기구 하나 하나가 갖는 의미를 새기면서 하나님께 지금까지 받은 은혜를 정리해보십시오. 그리고 이웃들에게 전하십시오.

26 성막의 재료

본문 출애굽기 38:1-31

외울말씀 성막 곧 증거막을 위하여 레위 사람이 쓴 재료의 물목은 제사장 아론의 아들 이다말이 모세의 명령대로 계산하였으며 (21절)

도입을 위한 글

부부 사이에 제일 중요한 문제가 무엇일까? 남편이 돈을 산더미처럼 갖다 준다 해도 다른 여자를 데리고 있다면 기쁘지 않을 것이다. 하나님께서는 우리에게 순수와 순결 그리고 진실한 것을 원하신다. 크고 작은 것은 그 다음 문제다. 그러므로 큰 예배당에서 수많은 사람이 예배를 드려도 하나님께서 받지 않으실 수 있고, 반대로 아무것도 없이 가마니만 깔고 앉아 예배를 드려도 거기에 하나님의 임재하심이 있을 수 있는 것이다. 마음, 태도, 내적인 것이 문제다. 우리가 하나님 앞에 겸손하고, 정직하고, 순결하고, 진실한 것이 중요하다. 참된 예배란 더러운 동기들, 잘못된 야심들을 청소하는 데서부터 시작된다. 예배 형식이 갖추어지지 않아도 괜찮다. 하나님께서 원하시는 것은 제사가 아니라 상한 심령이다. 성전을 청소한다는 것은 바로 우리 몸을 청소한다는 것이다. 육신을 잘 관리해야 한다. 정욕이나 야망으로 불태워서도 안 되며, 우리의 몸은 거룩함과 성령으로 불태워야 한다. 우리의 몸을 하나님께서 원하시는 대로 써야 한다. 우리의 몸을 깨끗하게 관리해서 하나님께 예배드리기에 부족함이 없는 성전으로 바쳐야 한다.

–하용조, 「용서의 축복」

도입을 위한 질문

❶ 교회 내의 성물과 성구는 어떤 것이 있습니까?

❷ 교회 내의 성물이나 성구가 예배에 미치는 영향은 얼마나 됩니까?

본문 질문

❶ 번제단의 제작과정에 대해서 설명해보십시오(1–7절).

* 제단을 놋으로 쌌으며(2절): 다른 기구들과는 달리 금으로 싸지 않고(36:34, 37:2, 11) 놋으로 싼 이유는 번제단이 제물을 태우는 불의 열기를 능히 견뎌낼 수 있어야 했기 때문이다.

❷ 회막 문에서 수종드는 여인들의 거울로 만든 성물은 무엇입니까?(8절)

❸ 성막 뜰은 어떻게 만들어졌습니까?(9–17절)

* 세마포 포장(9절): 성막과 외부를 구별해 주는 흰색 커튼으로, 이것을 친 이유는 거룩한 것과 속된 것, 정결한 것과 부정한 것이 서로 연합될 수 없음을 시사한다.

❹ 성막 뜰의 휘장 문의 규격과 재료는 무엇입니까?(18–19절)

❺ 성막(증거막)을 위하여 레위 사람이 쓴 재료의 물목은 누가, 어떤 방식으로 계산했습니까?(21절)

* 물목(21절): 원어로는 '아보다트 하르위임'이라 하며, 직역하면 '레위 사람의 수고(봉사)'란 뜻이다. 영어 성경에서도 '재료의 물목' 부분을 '일, 수고, 봉사' 등으로 번역하고 있다.

❻ 성소 건축 비용을 정리해보십시오(22-31절).

* 계수된 회중(25절): 20세 이상의 남자를 가리킨다. 이들은 모세의 규례에 따라 생명의 속전으로 은반 세겔씩을 내야 했다.

❼ 성막의 기구와 재료들을 간단히 정리해보십시오.

더 깊은 연구와 묵상을 위하여

하나님은 이스라엘 백성들에게 자원하는 마음으로 성막 재료들을 바치도록 했다. 예물을 드린 자의 수는 20세 이상의 남자만 해도 603,550명이었다. 모든 예물은 새로 준비한 것이 아니라 일상생활에서 쓰이던 것들이었다. 금은 29달란트와 730세겔(1,200kg)이며, 법궤와 금테, 금고리와 속죄소, 그릅, 떡상과 떡상의 채, 대접과 숟가락, 병, 잔, 등대, 앙장의 갈고리, 지성소의 기둥, 제사장의 의복을 만드는 데 사용했다. 은은 100달란트와 1,775세겔(3,420kg)이며, 성막 널판 아래 받침 40개, 기둥의 갈고리, 가름대에 사용했다. 놋은 70달란트와 2,400세겔(2,407kg)이며, 성막 갈고리, 문장기둥의 받침, 번제단, 제단의 통, 부삽, 대야, 갈고리, 불그릇, 제단의 채, 성막 기둥의 받침, 성막의 모든 기구와 말뚝을 만드는 데 사용했다. 실은 청색, 자색, 홍색 실과 가는 베 실, 염소털이며 성막의 휘장 열폭 위에 그룹을 수놓고 성막의 출입문과 지성소의 출입문을 만드는 재료였다. 조각목(사막 아카시아 나무)은 성막 기구들의 본체를 만들었고, 기름은 등불과 관유에 쓰였으며, 향품은 분향할 향을 만드는 재료에, 보석은 호마노와 에봇과 흉패에 물릴 보석에 사용했다.

❶ 성막을 증거막이라고 한 이유는 무엇입니까?

❷ 성막 뜰을 만드는 과정은 오늘날 우리에게 어떤 영적 의미를 줍니까?

적용을 위한 글

'돈' 소리만 들으면 긴장하는 사람들이 있다. '교회 가니까 돈 이야기만 하더라' 하는 말도 종종 듣게 된다. 종교 개혁자 칼빈은 이런 말을 남겼다. "우리의 문제는 교회에서 돈에 대해 너무 많이 이야기하는 것에 있는 것이 아니라 돈에 대해서 바르게 이야기하지 않는 것에 있다." 존 웨슬리도 비슷한 말을 남겼다. "나는 주머니가 회개하지 않는 사람의 회개를 믿을 수 없다." 복음을 듣고서 회개하고, 예수 그리스도를 영접하여 새사람이 되었다면, 제일 먼저 변화되어 할 삶의 영역은 '돈의 사용처'라고 생각한다. 경제생활은 우리의 가치관이 민감하게 반영되는 영역이다. 더군다나 하나님에 대한 사랑이 생겼고, 하나님 앞에 자신을 드리고 싶다면, 헌금생활의 태도는 달라질 수밖에 없다. 그래서 '헌금'은 그리스도인이 어느 정도로 헌신하는지를 보여주는 상징이라고 생각한다. 헌금 행위야말로 우리의 헌신 행위의 본질을 명확하게 보여준다. 돈의 씀씀이를 보면 그 사람을 알 수 있다. 돈 쓰임새야말로 우리의 인생관, 가치관, 세계관을 대변하는 삶의 영역이라고 말할 수 있다. 참된 헌금은 내 삶의 주인이신 하나님께 대한 응답이다. 살아 계신 하나님을 생각하는 의식의 결정체가 우리의 헌신이어야 하고 우리의 헌금이어야 한다.

—이동원, 「쉽게 풀어 쓴 마가복음 이야기」

적용 및 결단을 위한 질문

❶ 성막의 건축비용이 많이 소요되었음에도 전혀 문제가 되지 않았습니다. 교회 건축을 하는 데 있어 문제가 많이 생기는 이유는 무엇입니까?

❷ 성막을 건축하는 데 많은 재료가 필요했습니다. 마찬가지로 교회가 올바로 세워지기 위해서는 많은 것들이 필요합니다. 그렇다면, 여러분은 이를 위해 무엇을 했으며, 현재 무엇을 하고 있습니까?

27 거룩한 옷

본문 출애굽기 39:1-31

외울말씀 그들은 여호와께서 모세에게 명령하신 대로 청색 자색 홍색 실로 성소에서 섬길 때 입을 정교한 옷을 만들고 또 아론을 위해 거룩한 옷을 만들었더라 (1절)

도입을 위한 글

어느 음악회에서 일어난 일이다. 그날 오케스트라를 지휘하기로 한 가난한 음악가는 새 예복을 장만할 돈이 없어 어쩔 수 없이 옛날에 입던 낡은 예복을 입고 나왔다. 잘 알겠지만 유럽에서는 반드시 예복을 입고 연주를 해야 한다. 그런데 연주하는 도중 지휘자가 팔을 힘껏 휘두르는 바람에 그만 예복이 찢어져 셔츠가 보였다. 한 곡이 끝난 후, 그는 실례를 무릅쓰고 셔츠 바람으로 지휘를 하기 시작했다. 뒤에서 사람들의 웃음 소리를 들으면서도 이 지휘자는 열정적으로 지휘했다. 이때 맨 앞에 앉아있던 어느 귀족 한 분이 조용히 자신의 겉옷을 벗자, 주변 사람들도 웃음을 멈추고 하나, 둘 전부 겉옷을 벗기 시작했다. 그 결과 그날의 연주는 매우 감격스러웠고 성공적이었다고 전해진다. 이 얼마나 아름다운 이야기인가? 우리는 남의 실수를 볼 때 웃으며 허물을 들춰내기보다는 그 사람의 민망함을 감싸줄 수 있는 마음을 가져야 한다. 이것이 그리스도의 마음이다.

도입을 위한 질문

❶ 옷과 관련해서 실수를 경험했던 에피소드가 있다면 나눠보십시오.

❷ 주일에 예배를 드릴 때 어떤 옷이 합당하다고 생각합니까?

본문 질문

❶ 정교한 옷과 거룩한 옷의 용도는 무엇입니까?(1절)

* 여호와께서…명령하신 대로(1절): 이와 동일한 말은 본 장에서 무려 8번이나 더 나온다(5, 7, 21, 26, 29, 31, 42–43절). 이같은 사실은 백성들이 성막과 성의(聖依)를 제작함에 있어서 일점일획(一點一劃)도 인간의 생각에 따르지 않고 철저하게 하나님의 지시(25:9, 28:4) 대로 실행했음을 보여준다.

❷ 에봇은 어떻게 만들어졌습니까?(2–7절)

* 에봇(2절): 견대로 앞판과 뒷판이 연결된 앞치마로 대제사장의 복장 중 제일 겉에 입는 옷이다.

❸ 이스라엘의 아들들의 이름이 새겨진 곳은 어디입니까?(6–7절)

* 이 부분은 이스라엘 열두 지파에 대한 대제사장의 책임과 의무를 상징하는 호마노에 대한 언급이다.

❹ 흉패를 어떻게 만들었는지 설명해보십시오(8–21절).

* 에봇에서 벗어지지 않게(21절): 흉패의 기능이 에봇을 떠나서는 있을 수 없다는 것을 암시한다. 흉패는 백성들이 하나님의 뜻을 묻는데 필요한 우림과 둠밈을 간직하는 주머니이다.

❺ 에봇 받침의 긴 옷은 어떤 모양입니까?(22-26절)

* 석류는 '풍요의 상징'으로 수놓아 달았다(28:33). 이는 누구든 하나님 앞에 서는 자마다 아름다운 신앙의 열매를 풍성히 맺어야 함을 교훈해준다.

❻ 에봇과 흉패 외에 제사장의 복장에 필요한 것은 무엇입니까?(27-31절)

* 두건(28절): 원어로는 '미스네페트'라고 하며, 28:37에서는 '관'으로 번역되어 있는데 대제사장이 쓰는 관을 의미한다.
* 관(28절): 원어로는 '미그바아'라고 하며, 일반 제사장들이 쓰는 둥근 원추형의 관을 가리킨다.
* 속바지(28절): 원어로는 '미크나스'라고 하며, 속옷 밑에 입어 아랫도리를 가리는 일종의 반바지이다.

❼ 순금으로 만든 거룩한 패에 쓴 글자는 무엇입니까?(30-31절)

더 깊은 연구와 묵상을 위하여

이 세상에서 대제사장의 에봇만큼 아름다운 옷은 없을 것이다. 이 옷은 그 당시에 가장 귀한 청색, 자색, 홍색 실로 수놓았고 금을 얇게 쳐서 실을 만들어 짠 옷이었다. 에봇 위에 매는 끈도 금실로 수놓았고, 양 어깨에는 이스라엘 아들들의 이름을 호마노에 새겨서 달아놓았다. 가슴에 열두 개의 서로 다른 보석을 달아서 붙여놓은 것은 하나님 앞에서 이스라엘 백성들의 아름다움을 나타낸다. 하나님 앞에서 이스라엘 백성들의 모습은 참 아름답다.

대제사장이 입은 옷이 바로 하나님께서 이스라엘을 보시는 모습이다. 어깨에 매단 커다란 두 호마노를 기념보석이라고 부르는데, 그것은 하나님께서 이스라엘의 열두 지파를 늘 상기시키는 보석이라는 뜻이다. 하나님께서 법궤에서 내려다보실 때 가장 먼저 보이는 것이 어깨의 두 보석이며 여기에 새겨진 이름이다. 호마노는 누런색이기에 여기에 새겨진 이름은 눈에 잘 띈다. 물론 하나님께서 이스라엘을 잊으실 리가 없지만 이스라엘 백성들은 그 사실을 잘 잊어버린다. 이것은 우리도 마찬가지다. 우리들의 이름이 호마노에 도장처럼 새겨져 있지만 하나님 눈 앞에 있다는 것을 자주 잊어버린다.

—김서택, 「그 백성 가운데 거하시는 하나님」

❶ 대제사장의 에봇을 통해서 발견할 수 있는 하나님의 사랑은 무엇입니까?

❷ 기념보석인 호마노처럼 하나님 앞에 새겨져 있는 우리의 자화상은 무엇입니까?

적용을 위한 글

소라게는 대략 백여 종이 되는데 그 가운데서 어떤 종류는 날 때부터 자기가 살 수 있는 껍데기를 가지고 나오기도 하고, 어떤 것은 껍데기가 없이 태어난다. 그런데 집이 있어야 살 수 있기 때문에 집이 없는 소라게는 아무 데나 들어가서 제 집처럼 산다. 기어 다니다가 빈 소라 하나를 고른 다음에, 집게

발을 벌려 그 소라껍데기 입구를 재어 본다. 그 집이 자기 몸에 맞겠다 싶으면 지체 않고 배부터 밀어넣고 들어간 다음 그 안에서 산다. 그러다가 몸이 커지거나 싫증이 나면 금방 껍데기를 벗어버리고 다른 소라 껍데기를 찾아 나선다. 이것이 소라게의 생활 습성이다. 이처럼 예수님 믿는 사람 가운데서 어떤 사람은 소라게처럼 자주 자기 집을 바꾸는 버릇이 있다. 주일이 오면 주일에 뒤집어 쓰고 갈 수 있는 껍데기, 다시 말해서 예수님 믿는 사람 행세를 할 수 있는 껍데기가 있다는 말이다. 주일이 지나고 월요일이 되면, 그는 세상에서 부담 없이 살 수 있는 껍데기를 필요로 한다. 그러나 참된 성도의 옷은 하나뿐이다. 예수 그리스도의 옷, 그것뿐이다. 그 옷을 입고 어디든지 다녀야 한다. 그렇게 하려면 육신적인 것보다 영적인 것, 현세적인 것보다 영원한 것, 자기중심적인 것보다 하나님 중심으로 마음이 바뀌어야만 어느 곳에서나 하나님 영광을 위해 살 수 있다.

적용 및 결단을 위한 질문

❶ 대제사장의 거룩한 옷은 제사를 진행하는 데 매우 중요했습니다. 그렇다면, 오늘날 우리가 하나님을 예배하며 입어야 할 거룩한 옷은 무엇입니까?

❷ 참된 거룩은 예수 그리스도의 십자가 보혈로 씻김을 받을 때 가능합니다. 그리스도의 보혈로 깨끗함을 받아 영육이 거룩한 옷을 입을 수 있도록 회개하고, 예수 그리스도를 바라보십시오.

28 성막의 준공

| 본문 출애굽기 39:32-43

| 외울말씀 이스라엘 자손이 이와 같이 성막 곧 회막의 모든 역사를 마치되 여호와께서 모세에게 명령하신 대로 다 행하고 (32절)

도입을 위한 글

"주 여호와께서 나를 도우시므로 내가 부끄러워하지 아니하고 내 얼굴을 부싯돌 같이 굳게 하였으므로 내가 수치를 당하지 아니할 줄 아노라"(사 50:7). 도로시 포펜과 헨리 포펜은 중국에서 40년 동안 살면서 학교, 병원, 교회 등을 세우며 복음 전도에 힘썼다. 그들은 토양병, 질병, 재난을 당했다. 그리고 공산주의자들의 감시를 피하며 위험한 세월을 보내고 있을 때, 어떻게 어려운 상황들을 극복했는지 묻자 "우리는 그저 모험을 즐겼습니다."라고 눈을 반짝이며 대답했다. 그들은 어릴 때부터 예수 그리스도를 믿었기 때문에 어떠한 난관도 이길 수 있었으며, 하나님을 사모하는 신앙이 있었으므로 모험을 즐길 수 있었다. 그것이야말로 그들이 사는 법임을 알고 있었다. 그들은 이렇게 말한다. 모험을 즐길 수 있다면 헌신을 반복하라. 그 후에 모험을 즐기도록 하라. 헌신이야 말로 삶의 첫째 조건이며 인간에게 가장 필요한 것이다. 헌신하는 것이야 말로 하나님이 우리의 인생을 위해 찾아오신 이유임을 알게 해준다.

도입을 위한 질문

❶ 주님께 온전히 헌신함으로 좋은 결과를 얻은 적이 있습니까?

❷ 신앙을 지키기 위해서 당한 핍박이나 환난이 있습니까?

본문 질문

❶ '여호와께서 명하신 대로 했다'는 말이 출애굽기 39장에 몇 번 반복됩니까? (1-43절)

❷ 성막 건축의 기본 방향은 무엇이었습니까?(32절)

* 마치되(32절): '준공하다, 완성(성취)하다, 소모하다, 끝내다, 마치다'라는 뜻의 '칼라'(동사)를 기본 어근으로 하며, '완성(성취)하다, 소모하다, 사라지다, 끝내다, 마치다, 그치다'를 의미한다.

❸ 성막을 왜 회막이라고 부릅니까?(32절)

* 회(32절): '정한 때, 장소, 모임'이라는 뜻의 모에드는 '야아드'(정하다, 지정하다, 지명하다)에서 유래했으며, '정한 때, 정한 장소, 정한 모임'을 의미한다.
* 막(32절): '천막, 거처'라는 뜻의 '오헬'은 본래 '천막'을 의미한다.

❹ 모세에게로 가져온 성막의 내용물을 정리해보십시오(33–41절).

* 벌여놓는(37절): 원어로는 '마아라카'라고 하며, '배치해 놓은, 정돈해 놓은'이란 뜻이다.

❺ 모세가 성막의 준공을 인정하는 기준은 무엇이었습니까?(42–43절)

❻ 모세는 완성된 성막을 보고 어떻게 행동했습니까?(43절)

* 43절은 천지 창조가 끝났음을 기록한 창세기 1:31과 유사하다. 천지 창조가 끝났을 때 하나님께서는 그 지으신 만물을 '보셨고', 그것들은 하나님이 '명하신 대로' 되었으며, 하나님께서는 만물과 인간을 '복되게'하셨다. 모세 역시 모든 제조된 물품을 '보았고', 그것들은 하나님이 '명하신 대로' 이루어졌으며, 마지막으로 모세는 백성들을 '축복'했다.

더 깊은 연구와 묵상을 위하여

'성막'은 하나님의 집인 동시에 하나님의 처소이다(삼상 1:7; 행 7:44–46). 이곳은 대제사장이 하나님을 만나거나 하나님의 말씀을 받을 수 있는 거룩한 장소이다. 이러한 성막의 목적을 출애굽기 25:8에는 "내가 그들 중에 거할"(I will dwell among them)이라는 말로 설명한다. 출애굽기 29:45–46에서도 "내가 이스라엘 자손 중에 거하여 그들의 하나님이 되리니"라고 말한다. 이는 '하나님이 이스라엘 백성들 가운데 또는 이스라엘 백성들과 함께 거하기 위한 것'이라는 말씀이다. 여기 '거하다'에 해당하는 히브리어 동사는 '솨칸'으로 앞서 살펴본 '장막'에 해당하는 히브리어 '미쉬칸'이 여기서 파생한 말이다. 이사야 선지자는 이것을 '하나님이 우리와 같이 계심이라'는 뜻의 '임마누엘'로 이야기하고 있다(사 7:14). 이것은 처녀가 잉태하여 낳은 아들의 이름으로, 앞으로 이 땅에 오실 메시아를 가리킨 말씀이며, 마태복음 1:23에서 성취됐다. 요한복음 1:14에서는 이것을 "말씀이 육신이 되어 우리 가운데 거하시매"라고 다시 설명하고 있다. 곧 '태초의 말씀인 창조주 하나님이 사람의 모습으로 우리 가운데 거하신 것'이 바로 성막의 본질이라는 것이다. 곧 성막은 성육신 또는 도성인신(道成人身: 말씀이 육신이 되었다는 뜻)하신 예수 그리스도를 상징한다. —연합공보

❶ 성막을 완성하기까지 이스라엘 백성들의 순종과 불순종에 대해서 정리해보십시오.

❷ 성막이 왜 예수 그리스도를 상징하는지 구체적으로 설명해보십시오.

적용을 위한 글

주님께서는 우리가 항상 그분을 의지하기를 원하신다. 때로는 우리가 감당할 수 없는 상황으로 인도하심으로써 그렇게 하신다. 우리가 걱정하더라도 하나님께서는 걱정하지 않으신다. 무엇을 행할 것인지 이미 알고 계시기 때문이다. 그분께는 걸어갈 길과 해야 할 일에 대한 계획이 이미 있으며, 그것

은 우리를 위해 온전히 준비되어 있다. 한 젊은이가 그리스도를 믿는 믿음 때문에 감옥에 있는데 다음날 기둥에 묶여 화형될 처지였다. 같은 감방에는 나이도 많고 연륜도 깊은 한 성도가 있었다. 날이 어두워지자 젊은이는 초에 불을 붙이다가 손가락을 데었다. 화상의 고통 때문에 소리를 지르면서 나이 많은 성도에게 물었다. "손가락 데인 것도 참을 수 없는데, 기둥에 묶여 화형되는 것을 어떻게 참죠?" 그는 조용히 대답했다. "젊은이! 하나님께서 당신에게 손가락을 데라고 하지 않으셨기 때문에 그 일에 대해서는 아무 은혜도 임하지 않았지만, 믿음을 위해 목숨을 잃는 것은 하나님께서 당신에게 요구하시는 것이므로 그때가 되면 하나님의 은혜가 그곳에 임할 것이오." 하나님께서는 우리가 이 세상을 살아갈 때 겪는 모든 일을 처리할 계획을 갖고 계신다. 하나님의 넉넉한 은혜는 우리의 부족을 채우신다(고후 12:9). —조이스 마이어, 「하나님의 은혜가 머무는 삶」

적용 및 결단을 위한 질문

❶ 성막을 준공하는 동안 하나님은 세부적인 사항까지 자세히 말씀하셨습니다. 하나님의 인도하심으로 이스라엘 백성들은 하나님과의 만남을 가질 수 있게 된 것입니다. 여러분을 인도하시는 주님의 음성이 무엇인지 들어보십시오.

❷ 성막은 하나님이 베푸신 은혜의 증표였습니다. 여러분에게 하나님이 주신 은혜의 증표는 무엇입니까?

29 성별식

본문 출애굽기 40:1-16

외울말씀 아론에게 거룩한 옷을 입히고 그에게 기름을 부어 거룩하게 하여 그가 내게 제사장의 직분을 행하게 하라 (13절)

도입을 위한 글

하나님은 신성하시며 거룩하신 하나님이라고 성경에 기록되었으며, 이사야서에는 30여 번이나 기록되다. 하나님은 거룩하신 주시다. 신성이라 함은 하나님께서 절대적으로 성결하시다는 것이다. 이 신성은 하나님의 성품과 하나님 자체를 대표한 말이니 하나님께서 신성하신 것은 성경의 근본적인 진리요, 예수교의 기초적인 진리다. 하나님은 거룩하신 분이니 죄를 미워하시며 의를 사랑하시고 신성을 소유하시고 불결을 물리치신다. 그래서 사람들이 죄악과 불결에서 떠나 순진하고 깨끗한 사람이 되기를 원하신다. 또 하나님은 거룩한 하나님이시니 그분을 주인으로 모신 가정은 거룩하며, 그 교회도 거룩한 것이 된다. 또한 하나님이 계신 곳이 신성해야 하니 가정이나 교회나 단체가 맡은 일 등 모든 것의 기초인 개인의 마음 중심도 신성해야 한다. 그러므로 우리에게 시급한 일은 거룩하신 하나님을 믿어 주홍같이 붉은 죄라도 눈과 같이 희게 할 주의 보혈에 깊이 잠기어 마음 중심까지 신성하고 성결한 은혜를 체험하는 것이다. 신성한 사람이라야 거룩한 하나님을 기쁘게 할 것이다.

–정남수, 「성도의 몸은 하나님의 전」

도입을 위한 질문

❶ 예수님을 믿는 우리의 몸이 하나님의 성전이 될 수 있는 근거는 무엇입니까?

❷ 거룩한 삶에는 어떤 언행이 따라야 합니까?

본문 질문

❶ 완성된 성막을 세운 때는 언제입니까?(1–2절)

* 첫째 달 초하루(2절): 이때는 이스라엘 백성들이 출애굽한 때로부터 대략 1년이 지난 출애굽 제 2년 1월 1일이다(12:2). 또한 이 날은 백성들이 시내 산에 도착한 지 대략 10개월이 지난 때였다(19:1).

❷ 성막의 모든 기구들을 설치하는 과정을 순서대로 정리해보십시오(3–8절).

* 뜰 주위에 포장을 치고(8절): 이로써 거룩한 것들이 모든 부정한 것들로부터 거룩히 구별되었다.

❸ 성막의 모든 기구들을 거룩하게 하는 의식에 필요한 것은 무엇입니까?(9절)

* 거룩(9절): 원어로는 '코데쉬'라고 하며 '카다쉬'에서 유래했다. 이는 '분리됨, 거룩함, 신성함'을 의미한다.

❹ 성막의 모든 기구들을 거룩하게 하는 의식이 필요한 이유는 무엇입니까?
(9–11절)

❺ 제사장들을 거룩하게 하는 의식은 무엇입니까?(12-14절)

* 겉옷(14절): 원어로는 '케토네트'이며 정확히 번역하면 '속옷'이다. 이는 39:27에 나오는 반포 속옷을 가리키는데 대제사장과 달리 일반 제사장들은 반포 속옷에 띠를 두르고 관을 쓰는 것만이 정장(正裝)이었다.

❻ 기름 부음이 갖는 의미는 무엇입니까?(15절)

* '기름'은 하나님께서 특별히 지시하신 방법대로 제조된 관유(灌油)를 가리킨다.

❼ 성막과 제사장의 성별식을 진행하는 기준은 무엇입니까?(16절)

더 깊은 연구와 묵상을 위하여

하나님께서 말씀하신 대로 모든 기구들을 배치했다고 해서 다 된 것이 아니다. 하나님께서는 모든 것에 기름을 붓게 하셨다. 또 하나님은 아론과 그의 아들들도 물로 씻기고 기름을 발라 거룩하게 하셨다. 여기서 기름을 바른다는 것은 하나님의 소유로 인을 친다는 뜻으로, 성전에서 기름을 바른 것은 모두 하나님의 특별한 소유라는 표시이다. 하나님의 특별한 소유라는 것이 무슨 뜻인가? 이 세상에 있는 모든 것이 다 하나님께 속해 있지만 특별히 여기서 기름을 바른 것들은 인간의 구원을 위한 목적으로 구별했음을 뜻한다. 기름을 바른 기구는 원래 가지고 있던 본성과는 아무런 상관없이 하나님의 구원 목적을 위하여 사용되는 거룩한 수단으로 구별됨으로써, 백성들은 구별된 기구들과 구별된 사람들을 보고 이런 예배 의식에 동참하는 과정을 통하여 하나님께 대한 믿음을 갖게 된다는 것이다. 하나님께서 이 모든 기구들에게 기름을 바르게 하신 이유는 그것 자체를 우상처럼 떠받들며 섬기라는 뜻이 아니다. 그것들은 하나님에 대한 믿음을 불러일으키는 수단으로 유효한 것이며, 하나님께서 은혜를 주시는 수단이자 방편이 된다. 이것이 오늘날에는 성령의 기름 부음을 통하여 이루어진다. 오늘날 우리들은 모두 성령으로 기름 부음을 받은 자들이다. 예수님을 믿는 자들에게는 기름 부음이 있다.

–김서택, 「그 백성 가운데 거하시는 하나님」

❶ 성막의 모든 기구에 기름 부음이 있었듯이 우리의 삶에 성령의 기름 부음이 있어야 합니다. 기름 부음의 의미에 대해서 연구해보십시오.

❷ 성막과 내부 기구들의 제작을 장별(36–39장)로 정리해보십시오.

적용을 위한 글

거룩하지만 무정하고, 냉랭하며, 다른 사람들을 가혹하게 판단하는 성도들, 곧 겉으로 볼 때는 거룩하지만 사랑이 없고 이기적인 성도들이 있다. 예수님이 우리를 진리로 거룩하게 하시려고 자신을 거룩하게 하셨을 때, 이것은 죄인들에게 자신의 거룩함을 나누어 주시려고 자신을 죽음에 내어 놓는 사랑으로 나타내셨다. 이기심과 거룩함은 결코 조화를 이룰 수 없다. 무지한 사람은 거룩함이 하나님 앞에서 자신을 단장하는 아름다운 옷이라고 알고는 있다. 하지만 마음속으로는 이기적인 자만심을 품고서 '나는 너보다 더 거룩하단 말이야!'라고 생각하며 크게 만족할 수 있다. 그러나 참된 거룩함은 자신을 다 태워 소멸시키는 사랑의 종이 되는 것이며, 다른 사람들을 정결하게 하고 구원할 수 있도록 마음과 삶을 사로잡는다. 거룩함은 곧 사랑이다. 풍성한 사랑은 바울이 흠 없는 거룩함의 조건으로 간구한 것인데, 주님이 우리의 사랑을 크고 풍성하게 하실 때가능하다. 그분만이 우리 마음의 거룩함에 흠이 없게 하실 수 있다. 거룩하게 되기를 원한다면 먼저 하나님의 모든 자녀에게 온유, 인내, 용서, 친절, 그리고 자비를 나타내야 한다. 이기적인 자아를 추구하지 않는 사랑의 신령한 자태를 배우자. 그리고 주님께서 우리로 하여금 서로 풍성한 사랑을 나누눌 수 있는 힘주시기를 끊임없이 기도하자. 가장 거룩한 자는 가장 겸손하고, 자신을 가장 잘 잊으며, 가장 온유하고, 자신을 가장 잘 부인하며, 가장 친절하고, 다른 사람을 가장 잘 배려하는 자일 것이다. —앤드류 머레이, 「거룩, 이제는 거룩한 그리스도인으로」

적용 및 결단을 위한 질문

❶ 성별식으로 성막과 제사장은 거룩함을 입었습니다. 그렇다면 우리의 성결을 위해서 근본적으로 필요한 것은 무엇입니까?

❷ 우리는 근본적으로 죄인이기 때문에 성결한 삶을 살 수 없습니다. 성결한 삶을 가능하게 만들어 주는 것은 오직 예수님이 흘리신 보혈뿐입니다. 매 순간 십자가 보혈의 공로를 의지하는 삶이 되도록 하십시오.

30 성막의 봉헌

본문 출애굽기 40:17-38

외울말씀 그는 또 성막과 제단 주위 뜰에 포장을 치고 뜰 문에 휘장을 다니라 모세가 이같이 역사를 마치니 구름이 회막에 덮이고 여호와의 영광이 성막에 충만하매 (33-34절)

도입을 위한 글

〈출애굽 약사(略史)〉

B.C. 1527	모세 출생함/ 애굽 공주의 양자가 됨
B.C. 1487	모세 40세/ 애굽인 살해/ 미디안 도주/ 제사장 이드로의 집에 거주함/ 십보라와 결혼/ 게르손과 엘리에셀 낳음
B.C. 1447	모세 80세/ 호렙 산에서 소명 받음/ 애굽으로 돌아옴/ 바로와 접견함/ 열 가지 재앙을 행함
B.C. 1446. 01. 15	모세 81세/ 출애굽 함
	라암셋 – 히브리 노예들이 살던 곳을 출발함
	숙곳 – 최초로 진을 침(유월절 규례, 초태생 구별)
	에담 – 불 기둥과 구름 기둥이 인도함
	비하히롯 – 애굽군 추격함, 홍해를 갈라 도하함, 애굽군 수장됨
	마라 – 쓴 물을 달게 고침
	엘림 – 물샘 12개, 종려나무 70그루

	02. 15	신 광야 – 먹거리로 백성들이 원망함, 만나와 메추라기를 내림
		돕가
		알루스
		르비딤 – 물 문제로 백성들이 원망함, 반석을 쳐서 물을 공급함, 아말렉을 정벌함
	03.	시내 광야 도착/ 하나님과 언약 체결/ 시내 산에서 40일 거함/ 십계명을 새긴 두 돌판 받음/ 성막 기준 부여받음/ 모세의 반대세력에 의해 우상(금송아지) 제작/ 모세가 대노하여 돌판을 깨뜨리고 금송아지를 불사름/ 우상 숭배자 처단함/ 새 증거판을 받으며 시내 산에서 40일 거함
B.C. 1445.	01. 01	모세 82세/ 성막 건축 완성/ 제사장 위임식 거행
	02. 01	제1차 인구조사
	02. 20	바란 광야로 이동함

도입을 위한 질문

❶ 출애굽의 약사를 보면서 무엇을 느꼈습니까?

❷ 이스라엘 백성들이 출애굽하여 성막을 완성할 수 있었던 원동력은 무엇이라고 생각합니까?

본문 질문

❶ 성막을 세운 때는 언제입니까?(17절)

❷ 모세가 성막을 세운 순서를 정리해보십시오(18-33절).

* 막을 펴고…덮개를 덮으니(19절): 성막의 뼈대를 세운 후, 그 위에 제 1휘장과 제 2휘장 그리고 덮개와 웃덮개를 덮는 장면이다.

❸ 모세가 성막을 세울 때 기준을 삼은 것은 무엇입니까?(16, 19, 21, 23, 25, 27, 29, 32절)

❹ 성막을 모두 세운 뒤 어떤 일이 일어났습니까?(34절)

* 구름이 덮인 곳이 성막(미쉬칸)이 아닌 회막(오헬 모에드), 즉 '만남의 장막'(the tent of meeting)으로 표현한 것은 하나님이 그의 백성을 '만나러' 오셨음을 알려준다.

❺ 모세가 회막에 들어갈 수 없었던 이유는 무엇입니까?(35절)

* 충만(35절): 원어 '말레'(동사)는 기본 어근이며, '채우다, 가득 차다, 충만하다'를 의미한다.

❻ 이스라엘 백성들의 행진 신호는 무엇이었습니까?(36–37절)

* 이스라엘은 하나님만을 따라야 했고 결코 하나님보다 앞서서 나아갈 수 없었다.

❼ 성막 위에 무엇이 있어서 이스라엘 백성들을 인도했습니까?(38절)

* 구름, 불(38절): 이것은 광야 지대의 기온을 고려할 때, 하나님의 놀라운 사랑의 표현이다. 하나님은 팔레스틴의 무더운 낮 동안에는 구름으로 그늘을 만들어(민 9:18) 더위를 막아주셨고, 일교차가 큰 관계로 추워지는 밤에는 이스라엘 백성들을 불로 따뜻하게 하셨던 것이다.

더 깊은 연구와 묵상을 위하여

성막은 이동이 가능한 조립식 혼합건축물이다. 그 크기도 하나님이 정하셔서 모세에게 알리셨다. 성막의 전체 크기는 길이 100규빗, 폭 50규빗이다. 1규빗은 팔꿈치에서 손끝까지의 길이인 약 45㎝로 성막은 길이 약 45m, 폭 22.5m이다. 멀리서 성막을 보면 세마포 포장 곧 울타리만을 볼 수 있을 뿐이다. 밖에서 결코 내부 구조를 볼 수 없고, 문은 동쪽에 있다. 이 성막은 뜰과 성소와 지성소로 구분되며, 뜰 안에 성소와 지성소로 이루어지는 본체가 있다. 뜰은 길이가 100규빗, 폭이 50규빗으로, 320평 정도 되는 직사각형이다. 성막 본체는 길이 약 13.5m, 폭 4.5m, 높이 4.5m이며 직사각형인 성소와 정사각형인 지성소로 구분된다. 남북은 각기 20개의 기둥, 동서는 각기 10개의 기둥이 세워졌고, 모두 60개의 기둥을 세마포 포장으로 둘어 울타리를 만들었다. 성막의 기구들로는 지성소에 법궤, 속죄소(출 25:17–22)가 있다. 지성소와 성소를 구분하는 휘장(출 26:1–6)이 있고, 성소에는 등잔대

(출 25:31-40), 진설병 상(출 25:23-24), 금향단(출 30:1-5, 37:25-29)이 있다. 그리고 지성소와 성소를 덮는 덮개가 있다. 마지막으로 뜰에는 번제단(출 27:1-8, 38:1-7)과 물두멍(출 30:18-21)이 있다.

❶ 여호와의 영광이 성막에 충만했다는 의미는 무엇입니까?

❷ 구름 기둥과 불 기둥이 오늘날 그리스도인들에게 주는 영적 의미는 무엇입니까?

적용을 위한 글

성막에 관한 모든 작업이 하나님이 명령하신 대로 틀림없이 진행되었을 때 하나님의 영광이 구름의 형태를 띠면서 장막에 가득했다. 여호와의 영광이 얼마나 충만하게 임하였는지 아무도 성막에 접근할 수 없었다. 심지어 모세조차도 성막에 가까이 가지 못했다. 이제 이스라엘 백성들은 하나님의 영광이 충만한 구름 기둥을 따라 움직였다. 구름이 떠오르면 행진했고, 구름이 서면 이스라엘 자손들도 정지했다. 하나님의 영광이 충만한 구름 기둥은 이스라엘 민족에게는 전진과 정지의 신호가 되었다. 하나님의 영광은 낮에는 구름으로 밤에는 불빛으로 임했다. 그래서 밤이나 낮이나 하나님이 이스라엘과 함께하심을 모든 사람들이 믿고 알게 되었다. 이스라엘 자손 누구나 하나님께서 이스라엘 가운데 임재하시고 인도하심을 눈으로 확인할 수 있

> 었다. 성막과 성전에 충만했던 하나님의 영광(쉐키나)은 그곳이 하나님의 거룩한 성전임을 의미했다. 오늘날에는 건물이 아니라 성도의 몸이 하나님의 성전이며, 하나님의 성령이 임하신 곳이 성전이다. 성령은 예수님이 승천하신 후로부터 성도들의 삶에 내주하시기 때문이다.
>
> –김상복, 「네 지팡이를 들라」

적용 및 결단을 위한 질문

❶ 성막을 봉헌할 때 충만했던 하나님의 영광이 여러분의 삶에도 있습니까?

❷ 출애굽기 성경공부를 통해서 깨달은 바를 정리한 뒤 믿음의 삶을 실천하십시오.

인도자를 위한 지침

인도자를 위한 지침

1. 하나님의 말씀을 대하는 우리는 '믿음'과 '순종'의 태도를 지녀야 합니다. 따라서 성경을 공부하기 전에 먼저 성령의 조명하심을 위해서 기도하십시오. 그렇지 않으면 하나님의 메시지를 발견하기보다는 하나님의 메시지를 자신이 원하는 대로 잘못 해석하는 오류와 착각에 빠질 수 있습니다.

2. 성경공부를 통해서 드러나야 할 분은 오직 '예수 그리스도'이십니다. 그래서 인도자는 참여자들이 예수 그리스도와 십자가를 경험할 수 있도록 준비해야 합니다. 또한 그들이 적극적으로 성경공부에 참여하도록 예습 및 복습, 그리고 성경공부 시간에 참여자들의 상태를 살펴야 합니다.

3. 출애굽기의 핵심은 하나님의 역사와 은혜로 말미암은 '구속'입니다. 매 장마다 이스라엘 백성들 안에서 역사하고, 은혜를 베푸시는 하나님께 모든 초점을 맞춰주십시오.

01. 시내 산

하나님은 모세를 시내 산으로 부르셨습니다. 구약시대에 하나님을 대하는 것은 곧 죽음을 의미했습니다. 그러나 모세는 하나님을 계속해서 대하면서 하나님의 일을 감당하게 됩니다. 그리고 이번에는 매우 중요한 일을 진행하기 위해서 시내 산에 가게 됩니다. 모세가 하나님을 만나는 시내 산은 거룩한 곳입니다. 참여자들이 하나님과 대면하는 거룩한 장소가 필요함을 깨닫도록 인도하십시오.

02. 십계명

하나님은 당신의 백성에게 계명을 주십니다. 이것은 이스라엘 백성들을 괴롭히기 위한 규범이 아니라 하나님의 백성답게 살게 하려는 사랑의 표현입니다. 십계명 안에는 하나님의 사랑이 담겨있습니다. 동시에 하나님의 사랑으로 이웃을 사랑해야 한다는 표현도 담겨있습니다. 참여자들이 십계명의 내용을 숙지하고 그 의미를 되새기는 시간이 되도록 인도하십시오.

03. 종

남종과 여종의 규례에 대한 내용이 있습니다. 이것은 십계명 중에 5계명의 구체적인 적용이라고 할 수 있습니다. 하나님은 이와 같은 구체적인 규범을 통해서 이스라엘 백성들이 하나님의 뜻대로 살기를 원하셨던 것입니다. 하나님의 백성으로 산다는 것은 진리 안에서 참된 자유를 누리는 삶을 사는 것입니다. 참여자들이 하나님이 주신 법에 따라 살기로 결단하는 시간이 되도록 인도하십시오.

04. 폭행과 보상

사람을 쳐서 죽인 살인자는 사형에 처할 것이나 피해자가 죽지 않고 부상을 입었으면 치료시켜 줄 뿐만 아니라 그 기간 동안 손해배상을 할 책임이 가해자에게 있음을 말씀하고 있습니다. 사람은 하나님의 형상대로 지음 받은 소중한 존재입니다. 그러나 살다 보면 반드시 문제가 생길 수 있습니다. 그와 같은 문제가 생겼을 때 하나님은 어떻게 대응하며 보상해야 할지 구체적으로 가르쳐주십니다. 참여자들이 서로 존중하며 살기로 다짐하는 시간이 되도록 인도하십시오.

05. 배상

절도, 손해배상, 보관물에 관한 구체적인 규범을 가르쳐주고 있습니다. 이것은 십계명 중에 8계명의 세부사항이라고 할 수 있습니다. 특히 동일한 절도 행위라 할지라도 각각 처벌을 달리하고 있습니다. 이것은 인간의 동기를 중요하게 보시는 하나님의 본성에 기인합니다. 하나님이 보시는 것은 그 사람의 중심입니다. 참여자들이 자신의 중심을 살펴보고 이웃들에게 해를 끼치지 않는 삶을 살기로 다짐하는 시간이 되도록 인도하십시오.

06. 도덕

차용물, 혼인빙자 간음, 무당, 수간, 우상 숭배의 금지 사항에 대해서 가르쳐주고 있습니다. 또한 약자와 종교적 의무에 대한 규범들을 구체적으로 지시하고 있습니다. 이 모든 것은 이스라엘 백성들이 도덕적인 삶을 살도록 하는 데 그 목적이 있습니다. 사랑의 하나님은 우리가 서로 지켜야 할 기본적인 도덕을 지키기를 원하십니다. 참여자들이 이와 같은 하나님의 의도를 깨달을 수 있도록 인도하십시오.

07. 규례

이웃에 대한 중상모략을 금하고, 공의와 안식년(일)에 대한 규범과 아울러 다시 한 번 우상 숭배의 금지에 대해서 가르쳐주고 있습니다. 이후에 하나님은 이스라엘 민족에게 매년 세 번의 절기를 지킬 것을 지시하셨는데 그것은 무교절, 맥추절, 수장절이었습니다. 하나님은 규례와 절기를 통해서 이스라엘 백성들이 바라보아야 할 분은 오직 하나님 한 분이라는 사실을 강조하셨던 것입니다. 참여자들이 인생을 살면서 의지해야 할 분은 오직 하나님이심을 깊이 묵상하도록 인도하십시오.

08. 행동규범

하나님은 가나안을 정복할 때 기억해야 할 행동규범을 구체적으로 설명해주셨습니다. 이것은 앞 부분의 결론이라고 할 수 있습니다. 이스라엘 백성들이 하나님이 지시하신 언약을 잘 지켰을 경우에 가나안 땅과 아울러 많은 축복을 약속하고 계십니다. 하나님은 당신의 약속을 반드시 지키는 분이십니다. 참여자들이 하나님의 약속인 말씀에 절대 순종하며 지켜야 할 것에 대해 깊이 생각해보도록 인도하십시오.

09. 시내 산 언약

하나님께서 모세를 시내 산으로 부르십니다. 그리고 언약서를 낭독하며 백성들은 이 언약에 절대로 순종할 것을 약속합니다. 이와 같은 것을 모세와 장로들이 모두 보게 됩니다. 이제 이스라엘 백성들은 하나님과 정식으로 언약을 맺은 백성이 되었습니다. 개인이 아닌 민족 전체와 맺은 시내 산 언약은 이제 이스라엘을 구원하는 하나의 증표가 됩니다. 참여자들이 우리들을 구원하시기 위해서 친히 인간과 언약을 맺으신 하나님께 감사하고 하나님의 신실하심을 기억하는 삶을 살도록 인도하십시오.

10. 성소의 성물

하나님은 이스라엘 백성들에게 성소의 건축을 명령하십니다. 더불어 이스라엘 백성들이 바쳐야 할 예물들을 말씀하십니다. 또한 하나님은 성소에 필요한 성물들의 제작방법과 재료들을 구체적으로 지시하십니다. 하나님은 이스라엘 백성들과의 만남을 위해서 친히 거처를 만들라고 명하시는 것입니다. 참여자들이 하나님은 우리와 계속해서 교제하기를 원하심을 깨닫도록 인도하십시오.

11. 성막

하나님은 성막을 지을 수 있도록 구체적인 제작방법을 가르쳐주셨습니다. 성막의 휘장, 덮개, 성막본체와 널판과 은받침, 조각목 때, 지성소의 휘장과 성막 휘장의 제작방법을 가르쳐주시는 하나님의 세밀함에 감탄하게 됩니다. 참여자들이 하나님은 우리 구원을 위해서 세밀하게 역사하시는 분임을 기억하도록 인도하십시오.

12. 제단과 뜰

번제를 위한 놋제단과 성막의 뜰, 성막을 밝히는 등불에 관한 모형과 다양한 규정에 대해 말씀하고 있습니다. 제단과 뜰은 하나님께 나아가는 자의 자세에 대하여 말하고 있습니다. 하나님께 나아가기 위해서는 제단에 제물을 불태우듯이 우리의 모든 죄를 태워 소멸시켜야 합니다. 하나님은 죄를 회개하는 모든 자를 받아주십니다. 참여자들이 진심으로 회개하며 하나님께 나아가기로 결단하는 시간이 되도록 인도하십시오.

13. 제사장의 옷

출애굽기 25-27장은 성막과 성물 및 시설에 대한 규정을 설명하고, 29장은 성막 안에서 모든 일을 감당할 제사장의 의복과 임직에 대해서 다루고 있습니다. 옷은 단순히 자신의 신분을 과시하기 위해 입는 것이 아닙니다. 옷을 통해서 그 사람의 역할과 중요성을 보여주는 것입니다. 제사장의 옷은 하나님께 드리는 제사가 얼마나 중요하고 성결을 요하는 일인지 말해줍니다. 참여자들이 하나님께 예배를 드릴 때 옷차림도 중요함을 깨닫고 자신을 돌아보는 기회가 되도록 인도하십시오.

14. 제사장의 임직

제사장은 단순히 제물만 바치는 사람이 아니었습니다. 성소에 들어가면 진설대에 진설병을 준비하고 등대에 불을 켜야 하며 향단 위에 향도 피워야 했습니다. 제사장이 지성소에 들어가면 하나님의 임재를 체험하고 그분을 만나고 법궤 앞에서 그분만을 섬기게 되는 것입니다. 이와 같이 중요한 일을 감당하는 제사장 임직식은 중요한 과정일 수밖에 없습니다. 참여자들이 하나님의 일을 하는 것의 중요성을 깨닫는 시간이 되도록 인도하십시오.

15. 매일 드릴 번제

매일 드릴 번제는 상번제를 의미합니다. 상번제는 말 그대로 항상 매일 드리는 번제(태워 드리는)이며 성막뜰에 있는 번제단에서 수행됩니다. 이것은 매일 하나님께 예배드리는 것의 중요성을 시사하고 있습니다. 참여자들이 매일 하나님의 말씀을 묵상하며 하나님의 음성을 듣는 시간의 중요성을 되새기도록 인도하십시오.

16. 제단과 속전

출애굽기 30장은 25-27장에서 기록하고 있는 성소 기구들에 대한 규정 중 빠진 부분들을 보충하고 있습니다. 분향단의 구조와 제작방법, 생명의 속전에 대해서 자세히 설명합니다. 특히 생명의 속전으로 모든 사람들에게 동일한 금액을 요구한다는 사실은 하나님 앞에서 모든 사람이 죄인이라는 사실을 알려줍니다. 참여자 모두가 제단과 속전을 통해서 죄인임을 깊이 묵상하도록 인도하십시오.

17. 물두멍, 관유, 향

물두멍, 관유, 향은 제사를 위해서 반드시 필요한 기구였습니다. 각각의 기구가 제사에 있어 중요하다는 것입니다. 이와 마찬가지로 성소의 모든 기구는 어느 것 하나 소홀하게 만들거나 대할 수 없었습니다. 모든 것이 하나님의 지시대로 만들어졌으며, 제사를 위해 중요하게 사용되었습니다. 우리가 하나님께 예배드릴 때 주변의 모든 것이 중요합니다. 특히 물두멍, 관유, 향은 우리의 성결과 관련되어 있습니다. 참여자들이 주님께 예배 드릴 때 점검해야 할 것은 각 사람의 성결임을 인식하고 자신을 돌아보는 기회가 되도록 인도하십시오.

18. 브살렐과 오홀리압

성막 건축을 담당할 책임자들을 세우시고, 여러 계명 중에서 안식일을 강조하고 있습니다. 그리고 십계명을 두 증거판에 새겼다는 사실을 말하고 있습니다. 성막에 대한 하나님의 전반적인 설명을 마친 후 이제 본격적인 성막 건축을 앞둔 상태에서 하나님은 건축 책임자를 세우신 것입니다. 하나님은 두 사람을 택하셨고, 그들을 합당하게 만드셨습니다. 참여자들은 하나님의 일은 하나님의 사람이, 하나님이 공급하시는 능력으로 수행함을 깨닫도록 인도하십시오.

19. 금송아지

모세가 시내 산에서 빨리 내려오지 않자 남겨진 이스라엘 백성들은 두려웠습니다. 그동안 모세를 통하여 하나님의 음성을 들었지만 이제 그럴 수 없기 때문이었습니다. 결국 그들은 아론을 충동하여 하나님의 형상인 금송아지를 만들었습니다. 이것은 곧 십계명에 위배되는 우상 제작이었습니다. 하나님께 모든 초점을 맞추지 않을 때 우리는 시험에 빠집니다. 이스라엘 백성들은 모세가 아닌 하나님을 바라보아야 했습니다. 참여자들이 하나님을 보지 않고 사람을 볼 때 우상을 만들 수밖에 없는 약한 존재임을 깨닫고 자신의 내면을 돌아보도록 인도하십시오.

20. 모세의 기도

금송아지 숭배로 인해 이스라엘 백성들은 하나님의 진노의 심판을 받았습니다. 또한 하나님이 주신 십계명 돌판도 깨뜨려습니다. 이들에게 필요한 것은 하나님의 자비와 긍휼이었습니다. 이에 모세는 기도했습니다. 기도는 최후의 수단이 아닌, 최선의 방법입니다. 그래서 예수님도 기도하셨고, 우리에게 기도하라고 말씀하셨습니다. 참여자들이 자신의 기도의 습관 중 좋은 습관과 나쁜 습관이 무엇인지 점검한 뒤 하나님이 기뻐 받으시는 기도를 드리도록 인도하십시오.

21. 새 십계명과 언약

하나님은 이스라엘 백성들에게 다시 증거판을 새겨주십니다. 그리고 이제 이스라엘 백성들은 더욱 겸손히 하나님의 말씀을 받습니다. 증거판을 들고 시내 산에서 내려오는 모세를 맞이하는 이스라엘 백성들은 금송아지 우상을 숭배했던 이전과는 달랐습니다. 주님은 우리에게 예수 그리스도를 통한 새 계명을 주시며 새로운 약속을 주셨습니다. 참여자들이 하나님 앞에 믿음의 언약을 지켜야 함을 깨닫고 결단하는 시간이 되도록 인도하십시오.

22. 하나님의 명령

안식일에 대한 규정과 성막 건축을 위한 재료들, 성막 각 기구에 대한 하나님의 명령을 기록하고 있습니다. 하나님은 본격적으로 성막을 건축할 이스라엘 백성들에게 다시 한 번 이전에 말씀하셨던 것들을 상기시켜 주셨습니다. 하나님은 계속해서 우리가 곁길로 빠지지 않도록 붙들어주신다는 것을 참여자들이 기억하도록 인도하십시오.

23. 성막의 건축 준비

성막 건축은 사람의 일이 아니라 하나님의 일이었습니다. 모든 것은 하나님이 계획하셨고, 하나님이 지시하신 방법에 따라 건축될 것입니다. 이스라엘 백성들이 한 것은 하나님의 명령에 대한 순종이었습니다. 성막 건축을 앞두고 하나님은 필요한 준비를 마무리하십니다. 이에 백성들은 하나님께 자신의 것들을 아낌없이 드리며, 브살렐과 오홀리압의 임직도 마칩니다. 참여자들이 하나님은 어떤 일을 하기 전에 철저히 준비하시는 분임을 깨닫도록 인도하십시오.

24. 성막의 건축

성막이 본격적으로 건축되기 시작합니다. 하나님이 명령하신 대로 성막의 휘장, 덮개, 널판의 띠, 성소의 휘장까지 순서대로 진행되었습니다. 하나님의 말씀에서 어긋나지 않는 것이 중요합니다. 인간의 생각이 제아무리 좋으며 합당할지라도 중요한 것은 하나님의 말씀이며, 기준도 하나님의 말씀입니다. 참여자들이 하나님의 일을 하는 데 있어 하나님의 말씀이 중요함을 분명히 깨닫도록 인도하십시오.

25. 성막의 기구

성막 안에 배치되어야 할 기구, 관유, 향품 등의 제작에 관해 기록하고 있습니다. 이스라엘 백성들은 먼저 성막을 만들고, 그 후에 성막에서 중요한 부분이었던 지성소의 기구들을 제작했던 것입니다. 법궤, 속죄소, 떡상, 등대, 분향단은 매우 중요한 성막의 기구였습니다. 놀라운 사실은 이와 같은 기구를 만든 주재료가 잡목에 불과한 조각목이었다는 사실입니다. 참여자들이 가장 쓸모없는 것을 가장 귀한 일에 사용하시는 하나님의 은혜를 깨닫도록 인도하십시오.

26. 성막의 재료

성막은 하나님의 임재의 상징이었습니다. 그만큼 그것은 거룩하며 중요한 장소였습니다. 따라서 이 성막을 만드는 과정에 하나님이 직접 참여하셨으며, 이스라엘 백성들은 도구가 되어 순종하였습니다. 성막 건축에 사용된 재료들은 엄청났습니다. 그럼에도 부족함 없이 순조롭게 진행된 것은 이스라엘 백성들의 순종에서 비롯되었습니다. 참여자들이 하나님의 일에 전적인 헌신이 필요함을 깨닫고, '순종과 헌신'에 대해 깊이 묵상하고 결단하도록 인도하십시오.

27. 거룩한 옷

제사장이 입는 옷은 여느 옷과 달랐습니다. 또한 왕이 입는 옷과도 구별됩니다. 왜냐하면 거룩한 제사의 직분을 수행하기 위한 의복이었기 때문입니다. 대제사장의 거룩한 옷은 제사를 진행하는 데 매우 중요했습니다. 그러나 이와 같은 거룩함이 외식으로 바뀌지 않도록 주의해야 합니다. 참된 거룩은 예수 그리스도의 십자가 보혈로 씻김을 받을 때 가능합니다. 참여자들이 그리스도의 보혈로 회개하여 깨끗함을 받고, 영육이 거룩한 옷을 입도록 인도하십시오.

28. 성막의 준공

성막은 하나님의 집인 동시에 하나님이 거하시는 처소였습니다. 대제사장이 하나님을 만나거나 하나님의 말씀을 받을 수 있는 거룩한 장소인 것입니다. 성막을 준공하기까지 하나님은 세부적인 사항까지 일일이 말씀하셨습니다. 광야에서 성막을 만드는 일이 분명 쉽지 않았지만 마침내 성막은 준공되었고 하나님의 인도하심으로 이스라엘 백성들은 하나님과 만날 수 있게 된 것입니다. 이 모든 것은 하나님의 은혜와 이스라엘 백성들의 헌신에서 비롯되었습니다. 하나님의 은혜는 이미 임했습니다. 참여자들에게 지금 필요한 것은 전적인 헌신임을 깨닫도록 인도하십시오.

29. 성별식

성막을 봉헌하기 전 마지막 단계는 성결이었습니다. 성막의 모든 기구들과 제사장은 하나님이 지시하신 대로 성별예식을 가졌습니다. 성별식으로 성막과 제사장은 거룩함을 입었습니다. 거룩한 예식이 성막과 제사장을 거룩하게 한 것이 아니라, 예식을 통해서 부어주시는 하나님의 은혜로 거룩해진 것입니다. 우리는 근본적으로 죄인이기 때문에 성결한 삶을 살 수 없습니다. 참여자들이 성결한 삶을 가능하게 만들어주는 것은 오직 예수님이 흘리신 보혈뿐임을 깨닫도록 인도하십시오.

30. 성막의 봉헌

출애굽기의 마지막 부분은 성막을 봉헌하며, 그로 인하여 하나님의 영광이 충만해지고 그 충만한 은혜로 이스라엘 백성들이 가나안을 향해 전진하는 내용으로 끝을 맺고 있습니다. 이제 이스라엘 백성들은 성막을 통해서 임하신 하나님의 인도를 받으며 가나안을 향한 여정을 재시작하게 됩니다. 성막 봉헌은 과거 이스라엘의 연약함을 청산하고, 하나님의 약속에 따라 나아가는 첫 걸음입니다. 출애굽은 하나님의 역사와 하나님의 은혜의 자취만 있을 뿐입니다. 참여자들이 주님과 함께 걷는 믿음의 발걸음에 대해 더욱 깊이 묵상하도록 인도하십시오.

심도있게 편찬된 구역 및 대학
청년부 BEST G.B.S. 교재

BEST 출애굽기 II

Precept

저자 | 프리셉트팀
초판 1쇄 | 2013년 3월 8일

발행인 | 김경섭
국제총무 | 최복순
총무 | 김상현
기획국장 | 김현욱
사역부 | 박상철
서적부 | 양재성, 신충경
편집부 | 조학경(실장/편집), 박은실(팀장/디자인), 김지혜, 허윤희

발행처 | 프리셉트선교회
등록번호 | 108-82-61175
일부총판 | (사) 두란노서원 Tel. (02) 2078-3333 Fax. 080-749-3705

서울시 동작구 사당5동 190-220 (우) 156-095
Tel. (02)588-2218 Fax. (02)588-2268 www.precept.or.kr
국민은행 772-21-0310-382(김경섭)

값 4,500원
ISBN 978-89-8475-570-3 04230
978-89-8475-456-0 04230 (세트)

독자 여러분의 의견을 기다립니다.
독자 전화 (02) 588-2218 / pmnqt@hanmail.net